Elisabeth König

Tobias. Der kleine König
Eine Kindheit

5041 0826

Für Manuela

Lektorat: Dorothea Lubahn, Ulrike Parnow

Bibliografische Information der Deutschen Nationalbibliothek:
Die Deutsche Nationalbibliothek verzeichnet diese Publikation in der
Deutschen Nationalbibliografie; detaillierte bibliografische Daten sind im
Internet über http://dnb.de abrufbar

1. Auflage
Dr. Glaw + Lubahn GbR – Mediathoughts Verlag
Copyright 2023 Dr. Glaw + Lubahn GbR – Mediathoughts Verlag
Umschlaggestaltung: Florian L. Arnold, Fotografie von Paul Wislak
Gedruckt in Deutschland

ISBN: 978-3-947724-45-1

Dein Lachen gab uns allen Kraft.
Dein Lachen hat jeder verstanden.
Deine Sprache nur wir.

Vorwort

Das Buch trägt den Untertitel ›Eine Kindheit‹ und genau darum geht es: die kurze und doch lange Kindheit unseres Sohnes Tobias, des kleinen König. Lassen Sie mich kurz erzählen, wie es dazu kam.

Zu Beginn einer Fortbildung mit dem Thema ›Das Buch meines Lebens‹ sprach ich bei einer Erzählrunde über meine Schreiberfahrungen mit den Geschichten des kleinen Königs - damit weckte ich die Neugierde von Dr. Thomas Michael Glaw. Im Verlauf dieser Fortbildung erhielt er von mir - obwohl ich zu diesem Zeitpunkt noch skeptisch war - die Geschichten.

Zu Weihnachten erhielt ich dann Post mit dem Beisatz, dass er sich auf unser Buchprojekt mit dem kleinen König freue. Ich lehnte erst mal ab und dann nach Monaten meldete er sich wieder und ermunterte mich, doch nochmals darüber nachzudenken, das Buch in Angriff zu nehmen.

Wir, als inzwischen verwaiste Familie, überlegten, ob wir diese Geschichten veröffentlichen wollen. Der Gedanke unserer Tochter, unserem Sohn eine lebendige Erinnerung zu setzen, von der auch andere etwas mitnehmen können, führte zur Entscheidung, das Projekt anzugehen.

Sie werden in unser Leben mit hineingenommen, das sich mit der Geburt unseres Sohnes im April 2002 grundlegend änderte und alle Pläne erst einmal durcheinanderbrachte.

Nach einem Monat Klinikaufenthalt verabschiedeten uns damals die Krankenschwestern und Ärzte, die unseren Sohn nie mit dem eigentlichen Namen angesprochen hatten, sondern ihn immer nur kleinen König nannten, mit der Bitte, ab und an etwas von seinem Leben zu erfahren.

Dadurch entstand die Geschichte von den ersten Monaten, die wir dann unseren Ärzten, Therapeuten, Verwandten und Freunden schickten. Aus der Erfahrung heraus, dass dieser Rückblick auf dieses Jahr, so schwer es auch gewesen war, letztlich gutgetan hat, entwickelte sich die Tradition, immer zum Ende eines Jahres einen Rückblick zu schreiben. Die Sammlung der Rückblicke, literarisch überarbeitet, können Sie auf den folgenden Seiten lesen und miterleben.

Elisabeth König
Im Juni 2023

Der kleine König lernt das Leben lieben

Es war im Frühling 2002. Das Wetter zeigte sich von seiner besten Seite und die Eltern des kleinen Königs machten am Abend lange Spaziergänge, damit das Kind, das sich im Leib der Mutter befand, in eine gebärfähige Position bewegte.

Doch der vom Arzt errechnete Termin verstrich – es geschah nichts. Dem kleinen König gefiel es in seiner Behausung, auch wenn der Platz langsam knapp wurde. Jeden zweiten Tag befestigte man seltsame Geräte um den Bauch der Mutter. Dem kleinen König gefielen die nicht, er strampelte während dessen besonders heftig.

Dann feierte man den Geburtstag des Großvaters. Als er am Nachmittag die vielen Stimmen seiner Tanten, Onkels, Cousinen und Cousins wahrnahm, beschloss der kleine König, seine Behausung, die ihm zehn Monate lang zur Verfügung gestanden hatte, zu verlassen. Doch er beeilte sich nicht. Einen ganzen Tag ließ er sich Zeit, aber er zeigte deutlich, dass der Auszug bevorstand.

Am 15. April 2002 um 17.14 Uhr war es dann so weit: Der kleine König startete ins Leben – es wurde jedoch kein leichter Start. Viele gute Hände halfen ihm, doch es gab Schwierigkeiten.

Es war früh klar, dass es während der Geburt zu einem schweren Sauerstoffmangel gekommen war, er zudem Fruchtwasser verschluckt hatte und sich deshalb eine Lungenentzündung entwickelte. Seine Vitalwerte waren schlecht und er litt, bedingt durch den Sauerstoffmangel, an einem Hirnödem. Doch die Ärzte, Schwestern und die Hebamme ergriffen alle notwendigen Maßnahmen, und so wurde der kleine König, sobald es sein Zustand erlaubte, mit dem Rettungshubschrauber in die Kinderklinik nach Friedrichshafen gebracht.

Während des Flugs und nach seiner Ankunft kämpften alle um sein Leben. Zwei lange Stunden hieß es für den Vater, der inzwischen auch dort angekommen war, warten. Setzte sich die Lebensenergie des kleinen Königs durch? Diese bange Frage stellten sich viele.

Für den Vater in der Kinderklinik und die Mutter im Krankenhaus dauerten diese Stunden eine Ewigkeit. Beide beschäftigten viele Fragen. Das Schlimmste, dass ihr gerade geborenes Kind sterben könnte, wollten sie sich nicht vorstellen, und doch konnten sie den Gedanken nicht verdrängen.

Endlich kam die erlösende Botschaft: Der kleine König wird leben, sein Zustand hatte sich stabilisiert, aber keiner konnte sagen, wie alles weitergehen würde. Viele

Fragen drängten sich auf: Wird er diesen schweren Start verkraften? Wie wird er sich entwickeln? Welche Schäden werden bleiben?

Mit diesen Fragen standen die Eltern am nächsten Morgen vor ihrem kleinen König. Doch allein die Tatsache, dass er da war und überlebt hatte, erfüllte sie mit Glück. Sein Inkubator war wohltemperiert. Viele Geräte zur Überwachung von Körpertemperatur, Blutdruck, Sauerstoffsättigung sowie die Beatmungsmaschine und Infusionen sorgten für ein optimales Dasein. Doch was wären all die Geräte ohne die helfenden Hände gewesen, die den kleinen König pflegten, liebkosten und ihm Zuwendung spendeten, wenn seine Eltern nicht selbst da sein konnten.

Das Leben der Königsfamilie wurde von da an von den Bedürfnissen ihres Sohns bestimmt. Jeden Tag besuchten sie ihn. Solange die Mutter ein Bett im Krankenhaus hatte, ging sie auch in der Nacht zu ihm. Wenn er wach war, erzählte sie ihm alles, was sich am Tag ereignet hatte. Der kleine König hörte mit munteren und aufmerksamen Augen zu. Der Überwachungsmonitor zeigte gute Werte an, wenn der kleine König gestreichelt wurde.

Vom ersten Tag an berichteten die Ärzte, was sich positiv verändert hatte. Die Eltern hörten, dass er inzwischen immer öfter selbst mitatmete, dass Blutdruck und

Entzündungswerte sich in die richtige Richtung entwickelten. Die Frage, wie es zu dieser Situation gekommen war, blieb offen.

Tag um Tag verging. Nachdem drei Tage später alle Werte weiter stabil waren und sich zeigte, dass der kleine König allein mitatmete, beschlossen die Ärzte, ihm am Wochenende den Zugang der Beatmungsmaschine zu entfernen. Bis zum abgesprochenen Termin wollte der kleine König aber nicht warten; er entschied, dies schon einen Tag früher selbst in die Hand zu nehmen. Irgendwie schaffte er es, den Tubus mit seiner kleinen Hand zu bewegen und erbrach sich danach stark. In dieser aufregenden Situation wollte die Mutter gerade ihren Sohn besuchen. Das war nicht möglich und da niemand Zeit hatte, ihr zu erklären, was geschehen war, war sie in großer Sorge. Die Ärzte mussten früher als geplant handeln, denn der Tubus war verrutscht. Sie entfernten ihn - und von diesem Augenblick an atmete der kleine König selbstständig.

In seinem Zimmer breitete sich große Ruhe aus, nachdem das laute Surren und Pumpen des Beatmungsgeräts verstummt war. Seine Eltern konnten ihre Freudentränen nicht zurückhalten. Ihr kleiner König sah schon viel besser aus, wie er in seinem Inkubator lag und selbst atmete. Ihm wurde zwar Sauerstoff zur Stabilisierung zugeführt, aber da er sich gut erholte, wurde die Sauerstoffmenge von Tag zu Tag reduziert.

In einer der folgenden Nächte fühlte die Mutter des kleinen Königs großes Verlangen, ihren Sohn endlich in den Arm zu nehmen. Sie hatte ihn nach der Geburt nur in ein warmes Handtuch gewickelt auf ihrem Bauch spüren können. Als sie am nächsten Morgen die Ärzte hierzu fragen wollte, wurde sie von der Nachricht überrascht, dass ihr kleiner König am Nachmittag den Inkubator für kurze Zeit verlassen und auf ihrem Bauch liegen dürfe.

Dieses ›Känguruhen‹, wie es die Klinik nannte, wurde von da an zum festen Bestandteil jedes Nachmittags. Mit jedem Tag konnte sich der kleine König länger außerhalb seines Inkubators aufhalten – den von außen zugeführten Sauerstoff brauchte er immer weniger. An den ersten beiden Tagen durfte er auf dem Bauch seiner Mutter schmusen und schlafen. In der folgenden Zeit wechselten sich dann Vater und Mutter ab, weil der kleine König es bis zu vier Stunden bei ihnen aushielt. Seine Nahrung nahm er über eine Sonde zu sich.

Die Eltern gewöhnten sich rasch an diesen Rhythmus, doch der Mutter wurde der Klinikalltag zu anstrengend. Sie wollte wieder nach Hause. Sie sehnte sich nach ihrem eigenen Bett, sie mochte nicht länger mitleidig angeschaut werden, weil ihr Kind in der Kinderklinik lag. Es war für sie schwer zu ertragen, die anderen Mütter mit ihren Neugeborenen beim Frühstück zu treffen und von ihrem Glück zu hören. Am 25. April verließ sie das

Krankenhaus und besuchte von da an gemeinsam mit dem Vater den kleinen König.

Das Nach-Hause-Kommen war nicht leicht. Die leere Wiege im Kinderzimmer und alles, was geschehen war, ließ sie nicht los. Die Enttäuschung in ihr war groß und verursachte fast körperliche Schmerzen. Sie hatte sich auf die ersten Tage zu Hause wahnsinnig gefreut und nun war sie allein und ihr Kind in der Kinderklinik. Der Schock, den sie in der Nacht der Geburt erlitten hatte, hallte in ihr nach. Die Hoffnung, mit ihrem Sohn heimzukommen, seinen Atem und Herzschlag zu hören, ihn zu umsorgen, seine Wärme an ihrem Körper zu spüren, ihn zu trösten, wenn er weinte – all das hatte sich innerhalb weniger Stunden in nichts aufgelöst.

Am folgenden Tag besuchten die Eltern ihren Sohn und erlebten eine große Überraschung: Der kleine König lag nicht mehr im Inkubator – er schaute sie über das ganze Gesicht strahlend aus einem Gitterbett an. Das war ein Anblick, der schwer zu beschreiben ist, eine Mischung zwischen wohliger Wärme und Gänsehaut. Sicher lag noch die Magensonde und der Monitor zur Überwachung piepste regelmäßig. Als sie ihren kleinen König in einem Strampler sahen, ging den Eltern trotzdem das Herz auf. Sie verbrachten den ganzen Tag bei ihm und fuhren erst am Abend wieder nach Hause.

Solange der Vater noch Urlaub oder über die Feiertage frei hatte, besuchten sie ihn nach dem Mittagessen und blieben bis zum Abend. Als der Vater wieder arbeiten gehen musste, fuhr die Mutter schon am Morgen zu ihrem kleinen König. Sie blieb so lange, bis der Vater nach der Arbeit Gelegenheit hatte, Zeit mit seinem Sohn zu verbringen.

Während der folgenden Wochen zog sich der kleine König immer wieder die Magensonde heraus. Da er nicht in der Lage war, aus der Flasche zu trinken, legte man sie ihm stets neu an. Die Schwestern und Pfleger bemühten sich beharrlich, ihn mit einer Spritze, die sie über seinen Mund führten, zum Trinken der Muttermilch zu verführen. Da sein Saugreflex durch den schweren Sauerstoffmangel nicht ausgebildet war, beschloss man, durch Krankengymnastik die Mundmuskulatur zu stimulieren. In der Nacht vor dem Termin mit der Krankengymnastin trank der kleine König jedoch zum Erstaunen aller seine Mahlzeit zum ersten Mal aus der Flasche. Er schaffte zwar noch nicht die ganze Menge, aber er trank endlich selbst und von da an jeden Tag mehr.

Zur Sicherheit gab es nach wie vor die Magensonde, aber nachdem er sich diese wieder einmal gezogen hatte, forderten ihn die Krankenschwestern heraus. Von jetzt an musste er alles aus der Flasche trinken. Natürlich waren die Eltern sehr glücklich, ihrem Sohn endlich das Fläschchen geben zu können. Einen Teil seiner Nahrung spuckte der kleine König allerdings immer wieder aus. Diese unangenehme Angewohnheit gab er lange nicht auf.

Deutlich war abzusehen, dass sich der Klinikaufenthalt des kleinen Königs dem Ende näherte. Der Chefarzt meinte bei seiner nächsten Visite, dass er das bevorstehende Pfingstfest zu Hause feiern dürfe. Die Eltern besorgten in kurzer Zeit alles, was zuhause noch fehlte: Eine erste Ladung Windeln, Milchpulver, Fläschchen, die nötigen Pflegemittel und eine Milchpumpe.

Während der letzten Tage in der Klinik wurde der kleine König von guten Händen verwöhnt und aufgepäppelt. Er spürte aber, dass ein besonderer Tag bevorstand. Genau einen Monat nach seiner Geburt, am 15. Mai 2002, fuhr er mit seinen Eltern nach Hause.

Das war ein Abenteuer! Die vielen neuen Geräusche, die frische Luft, die ihm auf dem Weg zum Auto um die Nase wehte, das Brummen des Autos und das Schaukeln während der Fahrt. Das alles war recht viel für ihn, deshalb verschlief der kleine König den größten Teil seiner Heimreise und wachte erst in seinem neuen Zuhause wieder auf.

Hunger hatte er auch. Und da standen die Eltern schon vor dem ersten Problem: Der kleine König wollte nicht trinken. Er schrie nur. Die Eltern fanden zunächst keine Erklärung dafür, nach einer Weile jedoch ahnten sie, wo die Ursache lag: Die Größe des Flaschensaugers war nicht die selbe, die der kleine König bisher gewöhnt war. Die Mutter sprintete also zum Auto und kaufte kurz vor Ladenschluss im nächsten Drogeriemarkt die richtigen Sauger.

Schnell lebte sich der kleine König in seinem neuen Zuhause ein, auch seine Eltern gewöhnten sich an das Familienleben. Am liebsten schlief er zu Hause auf Mamas oder Papas Bauch. Im großen Bett war sein Platz zwischen ihnen. Besonders gut gefiel es ihm in der Badewanne - vielleicht erinnerte es ihn an seine Zeit im Bauch seiner Mutter.

Immer wieder zeigte der kleine König seinen Eltern, wie toll er nach jeder Mahlzeit spucken konnte, deshalb nahm er nur ganz langsam zu. Regelmäßig fuhren ihn Mama oder Papa zur Krankengymnastik in den Nachbarort. Die Bewegungsabläufe übten sie mit ihm auch zuhause. Der kleine König mochte so manche dieser Übungen nicht, vielleicht waren sie ihm lästig oder unangenehm. Eine bestand darin, dass er seine Hände flach auf ein Holzbrett legen und dabei seinen Kopf stabilisieren musste. Das war anstrengend, dazu hatte er oft keine Lust und protestierte lautstark.

Einen Monat nach seinem nach Hausekommen merkte der kleine König, dass für ihn ein besonderer Tag anstand. Zum einen feierte sein Papa Geburtstag, zum anderen spürte er bei seinen Eltern eine gewisse Anspannung. Früh am Morgen wurde er an diesem Tag geweckt, gebadet und bekam sein Fläschchen. Nachdem das Auto gepackt war, fuhr er mit seiner Mutter in strahlendem Sonnenschein vorbei an wogenden Getreidefeldern nach Friedrichshafen in die Kinderklinik.

Eine Kontrolluntersuchung stand bevor.

Als er mit seiner Mama das Gebäude betrat, nahm der kleine König den Geruch der Klinik wahr, wurde unruhig und weinte bitterlich. Erinnerte er sich an den Besuch beim Kinderarzt am Vortag, an den Pieks der Spritze? In einem Zimmer, in dem viele Marionetten an der Decke hingen, zog man ihn aus. Das passte ihm überhaupt nicht. Er schrie und schrie, und nicht einmal seiner Mutter gelang es, ihn zu beruhigen.

Plötzlich ging die Tür auf und als sich eine große Hand auf seinen Bauch legte, beruhigte sich der kleine König schlagartig. Ob er den Arzt erkannte, der ihn in seinen ersten Lebensstunden auf seinem Flug nach Friedrichshafen begleitet hatte?

Nach den unangenehmen Untersuchungen merkte der kleine König, dass seine Mutter aufgeregt und nah am Weinen war. Der Arzt hatte einen komplexen Herzfehler bei ihm festgestellt, der eine Operation in naher Zukunft erforderte. Außerdem bot die ausführliche Auswertung der vorliegenden Daten endlich Klarheit, was den schweren Start ins Leben des kleinen Königs verursacht hatte:

Der Sauerstoffmangel war durch eben jenen Herzfehler bedingt, die Infektion der Lunge durch Bakterien, die der Arzt Streptokokken nannte, und durch die sich lang hinziehende Geburt. So sehr sich seine Mutter Klarheit gewünscht hatte, so fühlte sich das doch wie ein weiterer Tiefschlag an. Ihr Herz war schwer und es kostete Kraft, dies alles den kleinen König nicht spüren zu lassen.

Ehe der kleine König sich mit Mama wieder auf den Heimweg machte, um mit Papa Geburtstag zu feiern, besuchte er die Station E 1, wo er lieben Händen, die er von seinem Aufenthalt hier kannte, guten Tag sagte. Und da es nötig war, durfte seine Mutter ihm in seinem ehemaligen Zimmer die Windel wechseln.

Zu Hause angekommen, kam doch keine rechte Geburtstagsstimmung mehr auf, denn alle machten sich Sorgen um den kleinen König. Er selbst verstand das gar nicht, es ging ihm doch gut, und überhaupt wollte er von diesem Leben, das er schon zu schmecken bekommen hatte, noch recht viel mitbekommen. Er nahm sich erst einmal eine Mütze voll Schlaf, um den anstrengenden Tag zu verarbeiten.

In den anschließenden Wochen und Monaten wurde deutlich, dass die OP am Herzen zum Glück hinausgezögert werden konnte.

Nachdem alle diese Nachricht einigermaßen verdaut hatten, freute sich die Familie auf den nächsten besonderen Tag im Leben des kleinen Königs: seine Taufe. Das Bild der guten Hände und der gute Gott - dies ist die eigentliche Bedeutung des Namens Tobias - hatte für die Eltern inzwischen einen großen Stellenwert bekommen. In den vergangenen Wochen und Monaten hatten sie diesen guten Gott hautnah erlebt und fühlten sie sich vom Gebet von lieben Freunden, Verwandten und Bekannten durch die Zeit getragen. So wurde die Taufe des kleinen Königs vorbereitet, und da seine Cousine nur wenige Wochen vor ihm geboren worden war, feierten sie dieses Fest am 7. Juli, einem sonnigen Sonntag, gemeinsam.

Alle Verwandten, denen es möglich war, waren zum Teil von weit hergekommen. Die kleine Dorfkapelle war gerade groß genug für die ganze Familie. Der Taufgottesdienst stand unter dem Bild der guten Hände.

Bei dieser Feier war der kleine König wach und aufmerksam dabei. Er spürte zuerst, dass er ein Zeichen auf die Stirn bekam, das ihm bereits vertraut war, und als ihm Wasser über den Kopf gegossen wurde, war er ganz still. Dann fühlte er Hände, die seinen Kopf mit wohlriechendem Öl einsalbten. Diesen guten Duft kosteten er und seine Eltern aus - nicht nur an diesem Tag. Die Klänge der Musik kannte er schon, seine Eltern sangen diese Lieder immer wieder. Durch die vielen Eindrücke wurde er müde, und so schlief er zwischendurch einfach ein wenig. Die Taufkerze des kleinen Königs, die Edda, eine Freundin der Mutter, gestaltet hatte, erinnerte die Familie an diesen Tag. Und jedes Mal, wenn er das Kreuzzeichen auf seiner Stirn spürte, kam ihm dieser Tag in Erinnerung.

In den folgenden Tagen, Wochen und Monaten nahm der kleine König nur wenig an Gewicht zu, aber er wuchs gehörig in die Länge. Er freute sich über die Sonne, die frische Luft und genoss die Fahrten zu Opa und Oma, Onkeln und Tanten, die er mit seinen Eltern unternahm. Doch am glücklichsten war er, wenn er mit Papa und Mama gemeinsam zu Hause den Tag genießen konnte. Durch sein Strahlen zeigte der kleine König bei jeder Gelegenheit, wie er sich seines Lebens freute, auch wenn gesundheitlich nicht alles in Ordnung war und er sich langsamer entwickelte als andere Babys. Er war bei allem mit wachen Augen und Ohren dabei und verfolgte neugierig, was sich um ihn herum tat.

In den ersten Monaten fuhr der kleine König mit seinen Eltern immer wieder zu Kontrolluntersuchungen in die Kinderklinik nach Friedrichshafen. Doch zum Glück wurden die Abstände der Besuche dort größer, und die Ärzte waren zufrieden.

So begann das zarte Leben des kleinen Königs ganz anders, als es sich alle vorgestellt und gewünscht hatten. Die Sorge und das Warten auf Besserung war für seine Eltern und viele, die ihn erlebten, auch eine geschenkte Zeit, die die Liebe zu dem kleinen König immer größer werden ließ. Und er selbst lernte das Leben lieben, das vor ihm lag.

Der kleine König entdeckt sein Reich

In den folgenden Monaten änderte sich am Gesundheitszustand des kleinen Königs wenig. Er nahm trotz der guten Fürsorge nur wenig zu, und da er immer weniger aus seinem Fläschchen trank, kam er im Herbst für eine knappe Woche in die Klinik. Dort traf er sowohl auf ›altbekannte Hände‹ wie auf neue, die es gut mit ihm meinten. So lernte er die Physiotherapeutin kennen, die ihm von vier kleinen Erbsen und einer dicken Bohne an seinen Füßen erzählte.

Vor seiner Geburt hatten die Eltern überlegt, wie sie ihr Kind betreuen wollten. Ursprünglich planten beide, ab Oktober Elternzeit als ›Elternteilzeit‹ zu nehmen und ihre Stellen um 50 % zu reduzieren. Da sein Arbeitgeber sich darauf jedoch nicht einließ, nahm der Vater nach seinem Urlaub ab Oktober Elternzeit. Danach arbeitete er soweit es möglich war in seinem eigenen bereits bestehenden Geschäft, während die Mutter wieder zur Arbeit ging oder soweit möglich von zu Hause arbeitete. Die Betreuung teilten sie in zwei Schichten auf: Der Vater übernahm als Hausmann den Tagdienst, die Mutter die Nachtschicht. Sie wurden schnell ein eingespieltes Team.

Da der Vater nun immer zu Hause war, gewöhnte sich der kleine König so daran, nur von ihm gefüttert zu werden, dass seine Mutter ihre liebe Not hatte, ihm das Fläschchen zu geben. Der kleine König genoss es, beide Eltern bei sich zu haben. Wenn seine Mama im Büro bei der Arbeit war und er sie sehen wollte, besuchte er sie mit seinem Papa einfach einen Stock tiefer.

In den trüben Tagen des Novembers waren die Eltern des kleinen Königs immer noch in Sorge um sein Gewicht. Obwohl er schon extra Kalorien zugeführt bekam und alles Mögliche versucht wurde, ihm das Essen mit dem Löffel schmackhaft zu machen: Ein Erfolg stellte sich nicht ein, er nahm einfach nicht zu. Zum schlechten Trinken und Erbrechen gesellte sich ein Geräusch, das den kleinen König zum Weinkönig machte. Aber nicht, weil er sich als Weinkenner erwies, sondern weil er beim Trinken des Fläschchens so sehr weinte. Ob er dabei große Schmerzen hatte oder es ihm einfach nicht gefiel, war nicht herauszubekommen.

Mittlerweile hatte der kleine König schon zwei Zähne und er begann, sich in die Finger zu beißen, manchmal so fest, dass dabei tiefe Wunden entstanden.

Im Advent stand ein Kontrolltermin in Friedrichshafen bei den guten Händen der ersten Stunden an. Wie immer waren der kleine König und seine Eltern aufgeregt, doch dieses Mal gab es gute Nachrichten: Der Zustand seines kleinen Herzens hatte sich stabilisiert und das Herzmedikament konnte abgesetzt werden. Darüber freuten sich die Eltern sehr, doch die Auswirkung dieser Maßnahme entdeckten sie erst einige Tage später: Der kleine König nahm an Gewicht zu. Das war das schönste Weihnachtsgeschenk für die kleine Königsfamilie. Das zweitschönste war das glucksende Lachen, das der kleine König hören ließ und vor allem beim Wickeln damit kaum mehr aufhörte.

Wenige Tage später erlebte er sein erstes Weihnachtsfest. Ehrlich gesagt zeigte er kein großes Interesse an dem Christbaum, den Liedern und Geschenken. Sicher waren die Lichter schön anzusehen – doch was bedeutete das alles?

Nach dem Heiligen Abend und dem ersten Feiertag, den der kleine König mit seinen Eltern bei seinen Großeltern in Ostrach verbrachte, folgte am Tag darauf die lange Fahrt zu den Großeltern nach Weinheim. Es gab viele Eindrücke auf dieser Reise, all die Verwandten, die er traf, die festlich geschmückten Wohnzimmer, der Duft von Plätzchen und Tannengrün. Zwischen den einzelnen Besuchen erholte sich der kleine König mit einer Portion Schlaf. Er genoss es, mit Papa und Mama unterwegs zu sein und Neues zu erleben. Besonders die kleine Nachtwanderung am frühen Abend bezauberte ihn, die Straßenlampen, Weihnachtsbäume und Dekoration in den Straßen wirkten bei Dunkelheit ganz anders.

Das erste Kalenderjahr des kleinen Königs neigte sich dem Ende und eigentlich hatte er vorgehabt, wach zu bleiben, weil beim Übergang ins neue Jahr doch so etwas wie ein Feuerwerk stattfinden sollte. Doch die müden Augen hielten es nicht so lange aus, und so fiel der kleine König kurz vor dem entscheidenden Augenblick in einen tiefen Schlaf, aus dem ihn nicht einmal die lauten Kirchenglocken aufweckten.

Wenige Tage später feierte die Königsfamilie ihren Namenstag. Der kleine König staunte nicht schlecht, als am Nachmittag Kinder in seltsame Gewänder gekleidet ins Haus kamen, ein Lied sangen, etwas von einem Stern, dem sie gefolgt waren, erzählten und dann auch noch Geld dafür erhielten. So viel Aufhebens wegen eines Namenstages, dachte er sich, was würde erst beim Geburtstag los sein? Aber seine Eltern erklärten ihm, dass es sich bei diesem ›Ständchen‹ nicht um die Glückwünsche für seinen eigenen Namenstag handelte, sondern um die Feier für einen anderen kleinen König, der vor vielen hundert Jahren das Licht der Welt erblickt hatte und der auch der Grund für seine Taufe war.

Der Winter zeigte sich von seiner angenehmen Seite, es war zwar kalt, doch die Sonne schien kräftig. Daher machte die Königsfamilie eine ausgiebige Wanderung und traf sich auf halben Weg mit Tante Roswitha. Der kleine König genoss diesen Tag und ließ sich die eisige

Luft um die Nase wehen, doch dies sollte er bitter bereuen. Durch die Kälte wurden seine Wangen so rau, dass sie viele Wochen gut gepflegt werden mussten.

Bisher hatte der kleine König noch keinen Schnee gesehen, doch das sollte sich sehr bald ändern. Einen Tag nach einer Kontrolluntersuchung in Friedrichshafen stand eine große Fahrt an. Die Eltern planten, ihr Auto in Rastatt gegen ein neues auszutauschen. Da der kleine König nur den Vater als Fläschchen-Geber akzeptierte und die Mutter die Strecke nicht allein zurücklegen wollte, machten sie sich alle drei gemeinsam auf den Weg. In der Nacht hatte es so heftig geschneit, dass der Vater fast eine Stunde brauchte, um den Weg zur Straße freizuräumen, was die Abfahrt entsprechend verzögerte. Der kleine König staunte: Wo er hinschaute, war es weiß und hell. Immer wieder sah er Menschen, die mit seltsamen Geräten die Gehwege bearbeiteten.

Zum Mittagessen waren sie bei Edda eingeladen. Da die Schneemenge in der Ebene immer weniger wurde, kamen sie rechtzeitig an. Während der kleine König und sein Vater einen ruhigen Nachmittag bei Edda verbrachten, fuhr die Mutter weiter nach Rastatt. Gegen Abend kam sie mit dem neuen Auto zurück, doch mit ihr kam auch der Schnee. Nach dem Abendessen machte sich die Familie auf den Heimweg. Bereits kurze Zeit später merkte der kleine König, dass irgendetwas nicht stimmte. Er hörte, wie die Eltern wiederholt davon sprachen, ob sie es bei dem Schnee wirklich bis nach

Hause schaffen oder wo sie zur Not ein Dach über den Kopf finden würden. Sie verfolgten im Radio jede neue Schneemeldung.

Da der kleine König wusste, dass auf seine Eltern Verlass war, schloss er einfach die Augen und schlief. Doch irgendwann kam das Gefühl, das sich Hunger nennt. Zunächst war er recht tapfer und ließ sich von seiner Mama mit Fingerspielen und Liedern, die sie vorsang, beruhigen, aber dann konnte er nicht mehr. Er hatte so großen Hunger und weinte bitterlich. Zum Glück gab es auf der Autobahn eine Raststätte, in der er in einem warmen Raum gefüttert werden konnte. Inzwischen waren die Straßen geräumt und so erreichte die Königsfamilie zu später Stunde wohlbehalten ihr Zuhause.

In den folgenden Wochen und Monaten besuchte der kleine König regelmäßig die Krankengymnastik im Nachbarort. Er merkte, dass ihm dies guttat und ließ sich zunehmend auf diese Übungen ein. Zudem hatte er regelmäßig Termine bei Händen, die aus weißen Kitteln herauskamen und ihn untersuchten. Mit der Zeit wurde ihm das immer vertrauter und er hielt sie besser aus.

In seinem Mund waren inzwischen drei weitere Zähne gewachsen, und die trugen leider dazu bei, dass seine Finger schlimm aussahen. Seine Eltern versuchten auf alle erdenklichen Weise, dies zu verhindern. Sie verbanden die Finger, manchmal auch die ganze Hand, damit sich die Wunden nicht entzündeten, doch es half nichts.

Der kleine König biss sich seine Finger immer wieder blutig. Das tat sehr weh und blutete stark, aber es gelang ihm nicht, rechtzeitig den Mund aufzumachen. So ertrug er die Schmerzen und war froh, dass seine Eltern ihm Trost spendeten.

Zu den besonderen Erlebnissen im Leben des kleinen Königs zählten die Besuche bei den Gottesdiensten in der Kirche nebenan und in den Nachbargemeinden. Neugierig nahm er alles auf, was er entdeckte, und er staunte, wie still es manchmal in diesem Raum war. Aber eines gefiel ihm gar nicht: Die Musik war ihm zu laut. Der kleine König sang dann auf seine Weise mit und meldete so Protest gegen die Lautstärke an. Mit der Zeit gewöhnte er sich jedoch daran und so konnten die Eltern mit der Zeit ihren Sohn gelassen in den Gottesdienst mitnehmen. Außerdem liebte er es, vom Pfarrer oder dem Kommunionhelfer das Kreuzzeichen auf die Stirn geschrieben zu bekommen, das er schon kannte.

Der kleine König merkte schnell, dass er in eine große Familie hineingeboren wurde, in der regelmäßig Feste gefeiert wurden. Immer wieder war er mit seinen Eltern zu Feiern unterwegs. Besonders freute er sich, wenn bei den Treffen viele Kinder dabei waren, denen er gerne zuschaute. Am liebsten hätte er schon mitgespielt, aber das war ihm nicht möglich. So genoss er es, bei seinen Verwandten auf dem Schoß zu sitzen und akzeptierte das Schmusen. Doch was das Trinken oder Essen betraf, hatte der kleine König eine klare Rangordnung: An erster Stelle stand sein Papa und an zweiter seine Mama. Danach kam erst mal lange niemand anderes.

Was den Alltag der Königsfamilie betraf, liebte es der kleine König, mit seinen Eltern im großen Bett einzuschlafen, zu schmusen und auf dem Arm getragen zu werden. Ja, am liebsten waren ihm die Wochenenden, wenn Papa und Mama richtig viel Zeit hatten. Trotz aller Versuche weigerte sich der kleine König, vom Löffel zu essen, und nahm deshalb nur langsam zu. Ebenso zeigte sich, dass er in seiner motorischen Entwicklung weit zurück war. Seine Eltern machten sich darum Sorgen und erkundigten sich, wie sie ihn fördern könnten. Wenn sie jedoch zu dritt zufrieden und gemütlich beieinander waren, spielte diese Tatsache keine Rolle, ihre Freude an ihrem kleinen König war groß.

Im Februar kam Post aus der Kinderklinik Friedrichshafen und ein Termin für eine Herzkatheteruntersuchung des kleinen Königs in München wurde ausgemacht. Damit wollten die Ärzte die Schwere seines Herzfehlers genauer untersuchen und danach entscheiden, wann die Operation stattfinden sollte. In der Zwischenzeit hatte der kleine König die behutsamen Hände seines Osteopathen kennen gelernt, die ihm in der Art und Weise, wie sie mit ihm umgingen, sehr guttaten. Sie sorgten dafür, dass die Zuckungen, die er hatte, verschwanden und er nach der Behandlung ganz bei sich selbst war.

Während der Fastnachtsferien hatte die kleine Familie von Freunden aus der Ortenau Besuch und da bekam der kleine König seinen ersten Lastwagen geschenkt, der ihm viel Freude bereitete. Wenn er gezielt seine Hand auf das Fahrerhaus legte, gab der Lastwagen ein lautes Hupkonzert. Das gefiel ihm besonders gut.

Ebenso besuchte Anna-Maria, eine Freundin der Mutter, die Familie und hatte natürlich auch ein Geschenk für ihn dabei. Durch das viele Erzählen der beiden Freundinnen wurde er müde, doch das Päckchen wollte ausgepackt werden. Zu seiner Überraschung kam ein kleiner Ernie - die Figur aus der bekannten Fernsehsendung - heraus. Zunächst beäugte der kleine König diese Kuschelfigur skeptisch. Nach und nach hatte er immer mehr Freude an Ernie, der ein treuer Begleiter für ihn wurde.

Anfang April machte sich die kleine Königsfamilie an einem späten Nachmittag auf den Weg Richtung München. Sie verbrachten eine Nacht bei Tante Regina im Allgäu. Am nächsten Morgen standen sie früh auf, denn sie wollten um 9 Uhr in München-Großhadern in der Kinderambulanz sein. Sie wussten, dass es nach notwendigen Voruntersuchungen am Sonntag ernst werden sollte. Ein Professor, der sich mit Herzfehlern besonders auskannte, benötigte vor der Herzkatheteruntersuchung noch genaue Werte von Blut, Blutdruck und Gewicht sowie die Unterschriften für die Narkose.

Der kleine König zeigte sich bei allen Untersuchungen von seiner besten Seite. Da gab es die Hände einer Krankenschwester, die er sehr ins Herz schloss und bei der er sich sicher und gut aufgehoben fühlte.

Sogar die Ultraschalluntersuchung, die der Arzt als ›Fernseher ins Herz‹ bezeichnete, verlief an diesem Tag ohne Probleme. Nachdem alles überstanden war, schauten sich die Eltern die Unterkunft im McDonalds Haus an.

In unmittelbarer Nähe von großen Kinderkliniken gibt es von der Ronald McDonalds Stiftung in ganz Deutschland Häuser, in denen ein Appartement für das Elternteil, das nicht mit in der Klinik bleiben darf, angemietet werden kann. So bleibt die ganze Familie beim kranken Kind. Diese Häuser werden durch Spenden finanziert, damit den Familien die Unterkünfte kostengünstig zur Verfügung stehen.

Nach der Besichtigung machten sie sich schnell auf den Heimweg, um den Rest des Wochenendes auskosten zu können. Da der kleine König unterwegs wieder Hunger verspürte, gab es bei seiner Gotti, so nannte er seine Patentante, eine Pause.

Die nächsten beiden Tage ruhte sich die Königsfamilie aus, und am Sonntag fuhren sie wieder nach München. Wegen eines Unfalls auf der Autobahn kamen sie erst spät an. Am Abend wurde dem kleinen König eine Nadel gesetzt, denn am nächsten Morgen sollte die Herzkatheteruntersuchung stattfinden.

Der kleine König bekam von all dem, was am nächsten Tag geschah, nicht viel mit. Er war gut gelaunt und verschlief nach der Untersuchung den halben Tag. Die Eltern empfanden die Wartezeit, bis ihr Sohn wieder auf der Station ankam, als sehr lang. Doch es war gut, Klarheit zu haben.

Am Morgen darauf, alle drei hofften, am Mittag nach Hause fahren zu können, kamen viele Ärzte und beratschlagten das weitere Vorgehen. Bei der Operation, die am offenen Herzen des kleinen Königs stattfinden sollte, musste der sogenannte AV-Kanal vervollständigt werden – dieser war nicht voll ausgebildet. Ebenso war es nötig, die undichten Herzklappen so zu operieren, dass diese richtig schlossen.

Kurze Zeit später war klar, dass in wenigen Monaten die Herzoperation stattfinden sollte.

Die Familie fuhr am Nachmittag nach Hause. Mutter und Vater spürten Freude über die Entlassung, Hoffnung, aber auch Angst vor der anstehenden Operation. Sie waren erleichtert, da nun klar war, wie es weitergehen sollte. Sie hofften, dass der kleine König nach der Herzoperation seine Entwicklungsverzögerung aufholen würde. Der Professor hatte erklärt, dass der Herzfehler dafür eine mögliche Ursache sei. Gleichzeitig beherrschte sie aber auch die Angst, dass es bei so einer großen Operation zu Komplikationen kommen und es für seinen zarten Körper zu anstrengend und gefährlich sein könnte.

Nach ihrer Heimkehr hatte die Königsfamilie nicht viel Zeit zum Überlegen, denn der 1. Geburtstag des kleinen Königs stand an. Das erste Päckchen kam an, doch bevor es geöffnet wurde, feierte erst mal der Großvater seinen 74. Geburtstag. So erlebte der kleine König den Vortag seines Geburtstages schon als Fest und genoss es.

Dann folgte sein eigener Geburtstag. Allein die Tatsache, dass seine Mama an diesem Tag nicht zur Arbeit ging, zeigte ihm, dass dieser Tag etwas ganz Herausragendes war. Den Vormittag verbrachte er nach der Krankengymnastik mit Schmusezeit und Spielen mit seinen Eltern. Mit seinem Lieblings-T-Shirt bekleidet empfing er dann am Nachmittag seine vielen Gäste. Das Wohnzimmer war umgeräumt worden, damit alle Platz hatten. Sogar Tante Rita und Onkel Karl aus Worms waren gekommen, um mit ihm zu feien. Das freute den kleinen König. Beim Geschenke auspacken brauchte er noch etwas Hilfe, aber dazu hatte er seinen Getti, so nannte der kleine König seinen Patenonkel, und die anderen Kinder, die da waren.

Kaum war sein Geburtstag vorbei, stand schon das nächste Fest vor der Tür. Von Ostern wurde gesprochen. Was das heißen mochte, ahnte er nicht, aber da sich die ganze Familie wieder traf, wusste er, es würde ein interessanter Tag werden. Ob ihm der Osterhase die schöne Kugelbahn brachte oder ob sie nicht doch ein Geschenk von Gotti und Getti war, war ihm egal. Mit ihr übte er das Schauen und das Hören, außerdem freute er sich an den Bewegungen und an den Geräuschen, die da entstanden. Bei diesem Fest entdeckte er auch, dass Schokolade etwas Feines ist.

Mit dem Osterfest kam der Frühling und lockte die ganze Familie immer wieder in die Natur. Da gab es viele Düfte und Geräusche, die der kleine König schon kannte, aber auch neue Eindrücke. Die Sonne zeigte ihre Kraft, und wenn die Mutter des kleinen Königs mit ihrer Freundin eine Runde im Wald oder auf den Feldwegen drehte, begleitete er sie oft im Kinderwagen.

Bei einem Besuch bei seinem Cousin und seiner Cousine merkten die Eltern, dass der kleine König das Schaukeln liebte, und so hielten sie Ausschau nach einem geeigneten Modell, da er ja noch nicht allein sitzen konnte. Am Ende fanden sie eine passende, die von diesem Tag an zum Lieblingsspielplatz des kleinen Königs wurde. Beim Schaukeln jauchzte und lachte er, und je heftiger die Schaukel angestoßen wurde, desto mehr freute er sich.

Wieder einmal begab sich der kleine König mit seiner Familie auf eine Reise in den Norden, um seine anderen Großeltern zu treffen. Es waren die ersten schönen warmen Tage, die sehr guttaten, und der kleine König genoss es, an der frischen Luft zu sein und bei den einzelnen Besuchen alle mit seiner munteren Art zu erheitern.

Der Sommer zog früh ins Land. Neben dem Bad in der großen Badewanne, dass ihm mit Papa oder Mama besonders gefiel, solange kein Wasser in sein Gesicht kam, lernte er weitere Formen des Badens kennen. Zum einen gab es ein Linsenbad. Da konnte er trocken, nur mit der Windel bekleidet, seine Haut fühlen und neue Erfahrungen sammeln.

Zum anderen entdeckte er, wie schön es ist, nackt auf einer Decke im Schatten zu liegen, die warme Luft und den Wind zu spüren oder bei Papa oder Mama auf dem Bauch einzuschlafen. Manchmal passierte es, dass er dabei seine Blase leerte, dann hörte er einen kleinen Schrei, wenn es plötzlich so warm und nass auf dem Bauch der Eltern wurde.

Mit dem Sommer rückte der Termin für die Herzoperation näher, die Mitte August geplant war. Doch eines Abends läutete das Telefon, und aus München kam die Anfrage, ob der kleine König nicht schon früher anreisen könne. Die Eltern machten es möglich. Termine wurden verschoben oder abgesagt und der Urlaub der Mutter kurzfristig geändert. Ein besonderes Treffen wurde dennoch eingeplant. Die Eltern des kleinen Königs wussten, dass der Klinikaufenthalt für ihren Sohn und sie selbst keine leichte Zeit werden würde. Deshalb feierten sie vor ihrer Abreise einen Gottesdienst in ihrer Wohnung, bei dem die Krankensalbung im Mittelpunkt stand. Der kleine König und seine Eltern wollten für die anstehende schwere Zeit gestärkt werden, und sie baten damit den guten Gott, dessen Namen der kleine König trägt, um Hilfe und Kraft. Die Hände, die den kleinen König bei diesem Gottesdienst mit dem Öl salbten, waren ihm schon vertraut, und so wurde diese Begegnung zur Kraftquelle für die nächsten Wochen.

Die Fahrt am nächsten Tag stellte jedoch leider nur einen Auftakt dar. Nach drei Tagen Aufenthalt in München fuhr die kleine Familie wieder nach Hause. Notfälle verdrängten die Operation, und die Woche Wartezeit bis zum nächsten Termin verbrachten sie lieber zu Hause.

Eine gute Woche später, es war inzwischen August, nahm die Königsfamilie einen zweiten Anlauf in der Hoffnung, dass die Operation nun stattfinden würde. Wiederum ergab sich eine unerwartete Wartezeit. Den kleinen König störte das nicht, Papa und Mama waren ja bei ihm. Für die Eltern war diese Wartezeit jedoch belastend, sie wollten den schweren Tag der Operation einfach hinter sich haben. Der kleine König ließ sich deshalb etwas einfallen, um sie aufzumuntern. Jedes Mal, wenn sich Mama und Papa einen Kuss gaben, lachte er aus vollem Herzen, so dass seine Eltern in diesen Augenblicken all ihre Sorge vergaßen.

Der Termin für die Operation wurde endgültig auf Mittwoch, den 13. August angesetzt. Am Dienstag ruhten sie sich im McDonalds Haus aus und schöpften Kraft für den kommenden Tag: Der kleine König, indem er so viel Liebe wie möglich von Mama und Papa aufsaugte, und die Eltern, die die schönen Momente dieses

Tages auskosteten.

Der Abend vor der Operation war von deren Vorbereitungen geprägt und der kleine König merkte, dass es für ihn nun ernst würde. Er bekam kein Essen mehr und durfte nur noch Wasser trinken. Aber Papa und Mama waren ja bei ihm.

Nach einer ruhigen Nacht wurde er am Morgen geweckt, seine Temperatur nochmals gemessen, und dann zog man ihm ein Operationshemd an. Sein ›Schlaftrunk‹ sorgte dafür, dass ihm allmählich alles egal wurde, und so konnten die Eltern ihren kleinen König in den OP-Bereich begleiten. Dort verabschiedeten sie sich voneinander.

Für den kleinen König begannen nun Stunden, in denen er viel träumte und von allem wenig mitbekam. Den Eltern stand eine Zeit bevor, in der sie sich so gut wie möglich ablenken mussten. Die Stunden verstrichen langsam. Sie bekamen von dem, was sie unternahmen, kaum etwas mit, weil sie in Gedanken ganz bei ihrem Sohn waren. Am frühen Nachmittag besuchten sie dann die Intensivstation und sahen ihren Jungen zwar mit vielen Kabeln und an der Beatmungsmaschine, aber nach den ersten Aussagen der Ärzte war alles erfolgreich verlaufen.

Für den kleinen König brach nun eine schwere Zeit an. Er hatte große Schmerzen und fühlte sich an der Beatmungsmaschine nicht wohl, doch all das musste sein.

Es tröstete ihn jedoch, dass er gleich nach dem Aufwachen sah: Papa und Mama sind da. Sobald sie ihm etwas erzählten, vorsangen oder ihn streichelten, waren seine Atmungswerte gut und er schlief ruhig weiter. Wenn aber ein Platzwechsel nötig war oder die Eltern wegen einer Arztbesprechung kurz das Zimmer verließen, verschlechterten sich die Werte.

Dennoch befreite man den kleinen König schon wenige Stunden nach der Operation vom Beatmungsschlauch, und von da an ging alles recht schnell. Die erste Nacht verbrachte er auf der Intensivstation, doch bereits am Morgen entfernte man die nächsten Schläuche und am Nachmittag wurde er auf die Normalstation verlegt. Die Eltern waren froh, denn so konnten sie die ganze Zeit bei ihm sein und für ihn sorgen. Zunächst galt es, seinen Hunger zu stillen. Er durfte nur geringe Mengen trinken. Zum Erstaunen der Eltern waren die Fläschchen jedoch im Nu leer, und immer früher meldete sich der Hunger des kleinen Königs. Das war etwas Neues und Wunderbares für sie.

Die ersten drei Tage nach der Operation litt der kleine König an ›Entzugserscheinungen‹ von Schmerzmitteln und Narkose und weinte oft und laut. Die Eltern hatten zunächst Angst, ob sein kleines Herz dadurch Schaden nehmen könnte, diese Sorge wurde ihnen jedoch genommen.

Regelmäßig kontrollierte man alle lebenswichtigen Werte. Immer wieder gab es die Untersuchung mit dem

›Fernseher‹, der den kleinen König in sein Herz schauen ließ. Dabei stellten die Ärzte einen kleinen Erguss am Herzbeutel fest, der aber normal sei.

Während des Krankenhausaufenthalts hatte die Königsfamilie, die zeitweise mit ihrem Sohn ein Einzelzimmer bewohnte, einen geregelten Tagesablauf. Am Vormittag nach der Krankengymnastik begann der ruhigere Teil des Tages. Schon bald machten sie miteinander kurze Spaziergänge in den Patientengarten, und nicht viel später durfte der kleine König bereits einige Zeit im McDonalds Haus verbringen.

Zunächst vergingen die Tage schnell. Doch je länger der Aufenthalt dauerte, desto langsamer schien die Zeit zu vergehen. Die Eltern hofften im Stillen, bald nach Hause entlassen zu werden. Die Wartezeit verkürzte sich, zumindest gefühlt, durch viele Besucher, die den kleinen König sehen wollten. Mal kam der Getti mit seinem Motorrad nach München gefahren, ein anderes Mal hatte Tante Rita die Oma im Auto mitgenommen und überraschte die Familie. Das war für den kleinen König und seine Eltern eine schöne Überraschung und bereitete ihnen große Freude. Es tat gut, mit vertrauten Menschen über das Erlebte zu sprechen.

Auch der Alltag im McDonalds Haus war eine gute Möglichkeit, vom Klinikgeschehen abzuschalten. Die Eltern sprachen dort mit anderen Betroffenen und erfuhren, dass es weitaus schlimmere Situationen gab als ihre eigene. So wurden bei aller Belastung die Stunden, die sie miteinander verbrachten, zu Zeiten wachsender Kraft und Vertrauens.

Ab und zu bekam der kleine König Besuch von anderen Patienten, denen es ähnlich ging, dann gab es wieder für eine oder zwei Nächte einen neuen Zimmerkollegen. All dies sorgte dafür, dass die Tage kurzweiliger wurden. Da er nach wie vor etwas fieberte, wurde er deutlich später entlassen, als seine Eltern erhofft hatten. Für alle Beteiligten war die Zeit, bis die Taschen für die Heimreise gepackt werden konnten, aufregend.

Als es dann endlich so weit war, verabschiedete sich der kleine König mit einem besonderen Geschenk. Jeden Morgen hatte er sich bis dahin geduldig nackt ohne großes Aufheben auf die Waage legen lassen. Diesmal jedoch verzierte er auf dem Rückweg das ganze Zimmer mit seinem Darminhalt, so dass eine Putzfrau anrücken musste, um alle Spuren zu beseitigen. Hoffentlich blieb der kleine König nicht als ›der versch... kleine König‹ in ihrer Erinnerung.

Dann ging es endlich nach Hause. Am 29. August machten sie sich auf den Heimweg, froh und glücklich, die Klinik hinter sich zu lassen. Der kleine König spürte, dass es ihnen allen in ihrer vertrauten Umgebung besser gehen würde. Nicht dass es ihm im Krankenhaus nicht gefallen hätte: Was hätte er ohne die Klinik und die guten Hände, die sein Herz wieder in Ordnung gebracht hatten, gemacht? Doch zu Hause ist eben zu Hause.

Obwohl es Freitagnachmittag war, bildeten sich die Staus zum Glück immer erst hinter dem königlichen Auto. Zur Stärkung gab es einen Zwischenstopp bei der Gotti, am Abend war die Königsfamilie dann zu Hause.

Das war ein Nach Hausekommen! Endlich waren die lieben Freunde im Zimmer wieder da, die kleine Maus und der Hirte mit seinen Schafen, die kleine Schnecke und das Mobile mit den vielen Fischen dran, die er so gerne hatte.

Der kleine König lebte sich schnell wieder in seiner vertrauten Umgebung ein, seine Eltern brauchten etwas länger dazu. Der anstehenden Kontrolluntersuchung am darauffolgenden Montag sahen sie gelassen entgegen, weiterhin auf die guten Hände vertrauend.

Da nach dem Termin der größte Teil des Tages noch vor ihnen lag, fuhren sie kurzerhand ins Allgäu, um die kurz zuvor geborene Cousine des kleinen Königs zu besuchen. Die war von ihm zwar nicht so begeistert. Dieses Mädchen war ja so winzig und seine Versuche, sie zaghaft zu streicheln, was für ihn eine Höchstleistung war, quittierte die kleine Dame mit lautem Geschrei. Wenn er meinte mitweinen zu müssen, wurde es nur noch heftiger. Also blieb er still und staunte darüber, wie klein so ein neugeborenes Baby ist. Doch dafür freuten sich die Eltern umso mehr über das Wiedersehen.

Die Mutter des kleinen Königs blieb in den folgenden Wochen zu Hause und erledigte nur die nötigsten

Arbeiten. So verbrachte die Familie noch einige Zeit miteinander. Erst Mitte September begann wieder der Alltag mit Krankengymnastik, Logopädie und allem, was so üblich war. Bei den Kontrollterminen waren die Ärzte zufrieden, und die Abstände der Untersuchungen wurden größer.

Da in den letzten Wochen doch so einiges liegen geblieben war, gab es für die Eltern vieles regeln. Eine Reha wurde beantragt. Was das bedeutete, verstand der kleine König zwar nicht, aber ihm war klar, wenn Papa und Mama dabei sind, wird es eine schöne Zeit. Er sollte Zeit bekommen, sich zu erholen. Seine Eltern und wie alle, die ihn regelmäßig sahen, erlebten ihn munterer und lebendiger, wacher und neugieriger. Viele meinten, er sei groß geworden, und so überlegt er, ob er sich nun großer kleiner König nennen sollte. Auf jeden Fall war er seit der Operation zufriedener und erfreute seine Eltern immer wieder mit seinem glucksenden Lachen. An Krankengymnastik und Logopädie nahm er aktiver teil, auch die guten Hände, die zur Frühförderung nach Hause kamen, konnte der kleine König nun akzeptieren und zulassen.

Die Eltern des kleinen Königs hatten zwar gehofft, dass ihr Sohn nach der Operation langsam weniger fremdeln würde, aber er behielt seine Rangordnung, wenn es um das Trinken und das Essen ging, bei.

Wieder einmal fuhr der kleine König zu den guten Händen der ersten Stunden, und dieses Mal wurde er lange und gründlich untersucht. Am Ende erhielten er und seine Eltern gute Nachrichten, die sie gleichzeitig etwas traurig machten. Die Ärzte waren mit dem Zustand seines Herzens so zufrieden, dass sie den kleinen König erst in einem Jahr wieder sehen wollten. So war dieser Tag auch ein kleiner Abschied von vertrauten und wohlwollenden Händen, die dem kleinen König und den Eltern sehr gutgetan hatten.

Der kleine König erlebt die Bazillen-Reha

Bevor der kleine König zu Beginn des Jahres 2004 seine Lieblingsspielsachen und alles, was für seine Reha nötig war, packte, gab es noch ein paar Abenteuer zu erleben. Der Abschied von den guten Händen der ersten Stunden war so etwas wie ein Auftakt für das bevorstehende Jahr des kleinen Königs. Er ahnte nicht, was alles auf ihn zukommen würde, und das war gut so.

Die letzten Wochen des alten Jahres waren von der Vorfreude auf Weihnachten geprägt, da er dieses Mal schon wusste, was das heißt. Eine Woche vor dem ersten Advent feierten sie die Taufe der kleinen Cousine im Allgäu. Es war ein milder Herbsttag und der kleine König freute sich über das Wiedersehen all seiner Verwandten. Wie immer gab es viel zu erleben und selbstverständlich probierte er in der Kirche aus, wie sich seine Stimme in diesem großen Raum anhörte.

Ab Ende November machten sich Maria und Josef im Treppenhaus auf den Weg nach Bethlehem. Jeden Morgen begrüßte der kleine König die beiden, wenn er bei ihnen vorbeikam, und wünschte ihnen eine angenehme Wanderung und abends eine gute Nacht. Ihm kam der Weg der beiden nach Bethlehem recht lang vor. Ein Tag an sich dauerte ja schon lange und er fragte sich, wie weit dieser Weg denn sei und warum sie nicht einfach mit dem Auto fuhren. Da ihn nach wie vor das viele Erbrechen plagte, bat er die beiden um ihre Hilfe. Die Ärzte hatten zwar den Verdacht von Reflux mit einer Untersuchung nicht bestätigen können, doch unerklärlicherweise kam es regelmäßig vor, dass er das mit Genuss getrunkene Fläschchen kurz darauf wieder erbrach.

Da kurz nach Weihnachten die Reha anstand, gab es in diesem Jahr keinen Weihnachtsbaum mit Lichtern, Kugeln und Sternen. Doch Maria und Josef hatten inzwischen ihren Stall im Wohnzimmer gefunden, und als die Königsfamilie am Heiligen Abend, spät in der Nacht, von der Familienfeier bei Opa, Oma, Getti und seiner Familie nach Hause kam, war auch das Jesuskind in der Krippe gelandet. Wie das bei Maria so ohne Krankenhaus möglich war, konnte sich der kleine König nicht vorstellen, er war jedoch viel zu müde, um darüber nachzudenken.

Die Feiertage verliefen diesmal ganz anders. Es stand keine lange Fahrt zu Opa und Oma nach Weinheim an, weil die Zeit zwischen den Jahren zum Waschen, Packen und für die letzten Einkäufe für die Reha gebraucht wurde. Gleichzeitig mussten noch Papiere vorbereitet, unterschrieben und an Ämter weitergeleitet werden.

Außerdem sprachen die Eltern davon, einen Antrag für den Abriss eines alten Bauernhauses und einen Bauantrag für einen Neubau zu stellen. Trotz aller Vorbereitungen waren diese winterlichen Tage recht geruhsam. Auch diesmal verschlief der kleine König das Feuerwerk, mit dem die Menschen das Neue Jahr begrüßten. Er zog es vor, am nächsten Morgen seine Eltern und die Übernachtungsgäste, die gerne noch etwas länger geschlafen hätten, munter zu wecken.

Dann, einen Tag, nachdem das Neue Jahr begonnen hatte, wurde es ernst. Während der kleine König noch sein Frühstück genoss, packte Mama schon das Auto. Die Oma in Ostrach hatte zum Mittagessen eingeladen und gleich nach der Mahlzeit machten sie sich auf den Weg zur Reha. Die Fahrt nach Tannheim war recht kurzweilig, die Landschaft in winterliches Weiß gehüllt. Ohne Staus kamen sie rasch voran. Die Königsfamilie sah den kommenden Wochen mit Spannung entgegen. Was erwartete sie in der Klinik? Wie würden die anderen Familien sein, denen sie begegnen werden? Würden sie sich von den belastenden Monaten seit der Geburt ihres Sohnes erholen können?

Bei ihrer Ankunft in der Nachsorgeklinik Tannheim wurden sie herzlich begrüßt und in ein Appartement begleitet, das während der Reha ihr Zuhause sein sollte. Der Weg dorthin war zuerst verwirrend, in den folgenden Wochen lernte der kleine König die Etage der ›Frösche‹, wo die Familie wohnte, und die verschiedenen Wege dorthin besser kennen. Die Zeit reichte gerade, um das ganze Gepäck auszuladen, dann war schon die Aufnahmeuntersuchung an der Reihe.

Sie begaben sich in die medizinische Abteilung. Die ganze Königsfamilie wurde von freundlichen Frauen, die gar nicht wie Krankenschwestern aussahen, nacheinander gewogen, gemessen, Blutdruck und Pulswerte festgestellt. Danach wurden sie von einem Arzt von Kopf bis Fuß untersucht, was einige Zeit in Anspruch nahm. Die Umgebung und die lieben Menschen waren für den kleinen König fremd, und so war er froh, dass er bei dieser Reha seine Eltern dabeihatte und sie diese Tage dort gemeinsam verbrachten.

Nach der Eingangsuntersuchung stand fest, dass der kleine König in den Zeiten, wo er nicht beim Essen oder bei einer Behandlung war, sich mit einem Elternteil im ›Schtorchennest‹ aufhalten konnte. Das ›Schtorchennest‹ war die Kindergruppe von 0-3 Jahren, und nachdem alle anderen Gruppen mit ›Sch‹ anfingen, hatte sich die Klinikleitung für diese lustige Schreibweise entschieden. Für Kinder anderer Altersgruppe gab es die Schneckengruppe, Schildkrötengruppe und das Schlupfloch für die großen Kinder. Bis zu seinem ersten Besuch dort dauerte es jedoch. Auch die Eltern des kleinen Königs hatten Termine und waren bestimmten Gruppen zugeteilt. Was sie da machten, interessierte ihn nicht besonders. Wichtig war ihm, dass ihn Mama und Papa nicht allein ließen.

Natürlich wollte er vor allem Fortschritte in seiner Entwicklung erzielen, aber selbst regeln konnte er dies eben nicht. Vor dem ersten Termin, bei dem sie alle entscheidenden Informationen über das Haus erhielten, hatte die Königsfamilie gerade noch genügend Zeit, sich in ihrem Appartement wohnlich einzurichten.

Bei der ersten Begegnung mit den anderen Familien lernte der kleine König schon einen Kumpan aus dem ›Schtorchennest‹ kennen. Der war auch ein ›Herzkind‹, und so knüpften die beiden Kinder und ihre Eltern gleich Kontakte. Das, was da geredet und gezeigt wurde, war für den kleinen König nicht so interessant, doch er merkte, dass diese Informationen für seine Eltern wichtig waren, und verhielt sich ruhig.

Anschließend stand das Abendessen auf dem Plan. Das wurde schon zum ersten Abenteuer. So viele Leute, die alle gleichzeitig essen wollten, ob das funktionierte? Für sich selbst sorgte sich der kleine König nicht, da Mama und Papa ja seine Flasche und Milchpulver eingepackt hatten, doch sie wollte er versorgt sehen. Um den verschiedenen Geschmäckern gerecht zu werden, konnten die Erwachsenen am Vortag an einem Computer ihr Menü bestellten. Hatten sie es einmal vergessen, mussten das essen, was ihnen dann an den Tisch gebracht wurde. Auf ihrer Tischkarte begrüßte sie der Tannheimer Löwe, der neben ihre Namen gedruckt worden war. Dieses bunte, von einem Künstler gestaltete

Maskottchen hatten sie schon vor der Klinik gesehen. Obwohl alles neu und fremd war, sahen sie den kommenden Wochen voll Zuversicht entgegen.

Der nächste Tag brachte nochmals viele Termine mit sich. Den Eltern wurde gezeigt und erklärt, wie sie mit der Behinderung ihres Sohns umgehen, ihn fördern und sich selbst entlasten konnten. Zudem trafen sie nette Menschen, mit denen sie sich austauschten. Nach einer Weile dachte der kleine König, wenn das die ganze Zeit so weiter ginge, würde es ja recht langweilig werden. Doch bald merkte er, dass dies wichtig war, um sein Leben – und damit auch das seiner Eltern – zu erleichtern und schöner werden zu lassen. Da zunächst das Wochenende anstand, nutzte die Familie die nächsten Tage, um die Gegend zu erkunden und sich zurechtzufinden. Der Beginn der Krankengymnastik und Ergotherapie war erst am Montag geplant.

Von Tag zu Tag lernte der kleine König mehr Kinder aus dem ›Schtorchennest‹ kennen. Da waren Arne, Fabian, Janne, Nathalie und weitere, deren Namen er mittlerweile vergessen hat, mit denen die Königsfamilie aber oft zusammentraf.

Ob es die Luftveränderung war oder an der fremden Umgebung lag, der kleine König hatte in diesen ersten Tagen seine liebe Not mit seinem großen Geschäft. Er brauchte dringend Hilfe und da seine Eltern nicht mehr weiterwussten, besuchten sie mit ihm den Arzt und die

Schwestern in der medizinischen Abteilung. Der Einlauf, den er bekam, half dem kleinen König sofort und um eine Verstopfung in Zukunft zu verhindern, verschrieb man ihm zudem einen Saft, den er ab und zu einnahm.

Die Familie hatte sich inzwischen gut eingelebt und fühlte sich sehr wohl in ihrem Appartement in der Klinik. Schon bald kündigte sich der erste Besuch aus der Heimat an. Tante Roswitha und Oma kamen vorbei und sorgten am Wochenende für Abwechslung im Reha-Alltag. Doch der Winter brachte Schnee und eisige Kälte und so gaben die Eltern die Fahrten mit dem Kinderwagen in den Wald schweren Herzens auf. Außerdem wütete ein Sturm und verhinderte jeden Versuch, sich draußen aufzuhalten.

Im ›Schtorchennest‹ fingen die ersten Kinder an zu husten und fehlten dann einige Tage, weil sie Fieber hatten. Irgendwann erwischte es auch den kleinen König. Am Abend fieberte er und durfte nicht mit anderen in Kontakt kommen. Seine Termine nahm er wahr, doch während der Mahlzeiten hielt er sich mit seiner Mutter oder seinem Vater im Appartement auf und hoffte, bald wieder seine neuen Freunde treffen zu dürfen. Glücklicherweise verschwand die Erkältung so schnell, wie sie gekommen war, und der normale Klinikalltag kehrte zurück.

Täglich hatte der kleine König nun Krankengymnastik, aber sie lief anders ab, als er es von zu Hause gewohnt war. Bisher hatte er Physiotherapie nach Bobath erhalten, eine sehr feinfühlige Therapie, die auf das Kind abgestimmt ist und durch diagonale Bewegungen die rechte und linke Hirnhälfte stimuliert. Jetzt lernte er Vojta-Therapie kennen. Bei diesen Anwendungen wurde er festgehalten, sodass er die Bewegungen, die er ausführen sollte, gar nicht machen konnte. Das ärgerte ihn natürlich und er weinte viel, aber hinterher fühlte er sich seltsamerweise immer pudelwohl. Er war ausgeglichen, fröhlich und schlief in der Nacht tief und fest.

Dreimal in der Woche hatte der kleine König mit einem Elternteil außerdem Ergotherapie, die ihm ungeheuer Spaß machte. Zunächst brauchte er Zeit, um mit den ganzen Eindrücken zurechtzukommen, aber es bereitete ihm sichtlich Freude, Erfahrungen zu sammeln und immer wieder etwas Neues zu beobachten, zu entdecken und auszuprobieren. Seine Augen strahlten und er war aufmerksam und konzentriert dabei. Die Übung, bei der er mit Rasierschaum einen Spiegel bemalte und dabei den Schaum schmeckte, auf der Haut spürte und Kunstwerke daraus entstehen ließ, begeisterte ihn besonders. Natürlich brauchte er immer die Hilfe der anderen. Außerdem schaffte es der kleine König sogar, dass die Therapeutin ihm eine schöne Feder, mit der er gespielt hatte, schenkte. So konnte er auch am Wochenende damit üben.

Bald fand ein Zwischenfest statt, bei dem ein Clown kam. Doch da es in der Aula immer lauter wurde, hatte der kleine König keine rechte Freude daran. Er konnte auch gar nicht alles glauben, was da erzählt wurde. Aber die ›Löwenjagd‹, die er dabei kennenlernte, spielte er mit seinen Eltern auch nach der Reha noch oft. Diese Mitmachgeschichte nimmt die Kinder auf eine abenteuerliche Löwenjagd mit. Auf ihrem Weg müssen sie viele Hindernisse bewältigen. Jedes Mal wiederholt sich, dass sie nicht über das Hindernis hinüber, auch nicht unter dem Hindernis durchkommen, weder rechts noch links daran vorbeikommen, sondern immer mitten durchmüssen. Bei den Bewegungen dieser Geschichte lachte der kleine König aus ganzem Herzen.

Da sein Papa nur wenige Termine hatte, nutzte er täglich das Schwimmbad. Währenddessen spielte und schmuste der kleine König mit seiner Mutter. In der Reha versuchten die Eltern wieder die Löffelmahlzeit einzuführen. Und siehe da, ob es das Zuschauen bei den anderen Kindern war oder ob der kleine König einfach beschlossen hatte, seine Geschmacksrichtung zu ändern, er aß nun am Abend einen Grießbrei. Er brachte zwar regelmäßig zum Ausdruck, dass dies ihm nicht unbedingt immer passte; doch Übung macht den Meister und so trainierte er während der ganzen Reha fleißig weiter.

Am dritten Wochenende erhielten die Eltern beim Abendessen die Nachricht, dass die Mutter ihren Bruder in Weinheim zurückrufen solle. Im Appartement angekommen, griff sie zum Hörer und fing kurz darauf an zu weinen. Der kleine König verstand nicht, was passierte, er merkte, dass seine Mama sehr traurig war und immer wieder telefoniert wurde. Mit der Zeit erfuhr er, dass sein Opa, den er gleich nach der Reha besuchen wollte, gestorben war. Was das hieß, wusste er natürlich nicht, doch er merkte, dass dies für seine Mutter nicht leicht war, da sie den Opa doch lange vor Weihnachten das letzte Mal gesehen hatten. In den nächsten Tagen regelte die Königsfamilie alles, damit sie ohne Probleme zur Beerdigung fahren konnten.

Die Beerdigung war für den kleinen König und seine Eltern sehr anstrengend. Es war traurig, am Grab eines lieben Menschen zu stehen, ohne sich verabschiedet zu haben. Als sie spät in der Nacht wieder nach Tannheim zurückkehrten, fiel der kleine König, der den ganzen Tag wach geblieben war, in einen tiefen Schlaf, der jedoch kurze Zeit darauf abrupt endete. Ihm war es so warm, dass er es in seinem Bett nicht mehr aushielt. Es war aber weder die Heizung noch die warme Decke, die ihn wachhielten, nein, er hatte sehr hohes Fieber bekommen. Nach der Gabe eines fiebersenkenden Zäpfchens fielen er und seine Eltern endlich in einen leichten Schlaf. Zum Glück wirkte die Medizin schnell und der kleine König gesellte sich schon bald wieder zu den anderen Kindern.

Für viele Familien ging die Reha langsam dem Ende entgegen und da hieß es, von lieb gewordenen Menschen Abschied zu nehmen, ohne zu wissen, ob und wann man einander wieder sehen würde. Da der kleine König eine Verlängerung bekam, feierte die Königsfamilie das Abschiedsfest eher als Zwischenfest. An jenem Abend wurde klar, weshalb diese Reha ›Bazillen-Reha‹ genannt wurde: Nur ganz wenige der vielen Kinder, die diese vier Wochen in Tannheim verbracht hatten, waren gesund geblieben, die meisten hüteten irgendwann in der Zeit mit Fieber das Bett.

In den folgenden Tagen besuchte der kleine König endlich zum ersten Mal das Schwimmbad. Seine Eltern waren auf alles gefasst, doch ihre Befürchtungen traten nicht ein. Er hatte große Freude an dem neuen Element Wasser, in dem er sich bewegte. Bis zur Abreise gehörte von da an für die Königsfamilie der Schwimmbadbesuch zu den täglichen festen Terminen.

Bevor er die Heimreise antrat, bekam der kleine König den Ruf eines Taschendiebes. Eines Tages landete seine Hand während der Krankengymnastik auf einmal eher zufällig in der Hosentasche des Therapeuten. Ein kurzer Aufschrei löste die Situation auf. Da er seine Handmotorik nicht gezielt kontrollieren konnte, kam es vor, dass er mit seiner Hand in Öffnungen griff, die seine Neugierde steigerten. Mal war es der Ausschnitt einer Bluse oder eines Hemdes und diesmal eben die Hosentasche des Therapeuten. Die Eltern fragten sich, ob er dafür sorgen wollte, auf jeden Fall nach Hause entlassen zu werden oder seinen Ruf als Taschendieb auszubauen.

Der kleine König spürte, dass ihm und seiner Familie diese Wochen in Tannheim sehr guttaten. In den letzten Tagen arbeitete er allein mit der Ergotherapeutin, während seine Eltern eigenen Interessen nachgingen oder gemütlich Kaffee tranken. Die Fortschritte, die er machte, bemerkten vor allem diejenigen, die ihn nicht so oft sahen. Er war deutlich wacher, lebendiger und neugieriger geworden.

Bevor die nächste ›Epidemie‹ auszubrechen drohte, verließ die Königsfamilie an einem Freitagnachmittag Mitte Februar die Klinik und machte sich auf den Heimweg. Auf dem Rückweg gab es bei der Oma in Ostrach einen Begrüßungskaffee, mit dem gleichzeitig der Geburtstag der Mutter nachgefeiert wurde, der in die Rehazeit fiel.

Die Umstellung auf den Familienalltag zu Hause war für alle nicht leicht. Schon am Ende der Reha hatten die Eltern den kleinen König in einer neuen Krankengymnastikpraxis angemeldet, sodass die folgende Woche bereits gut gefüllt war. Die Mutter ging wieder zur Schule und nahm die Termine, die sie als Gemeindereferentin im Kalender stehen hatte, wahr. Der kleine König besuchte mit seinem Vater die Krankengymnastik und Logopädie, auch der Termin für die Frühförderung wurde gleich mit eingeplant. Gleichzeitig bemühten sich die Eltern, die in der Reha gewonnenen Erkenntnisse und gelernten Techniken gut in den Alltag einzubauen.

Um den kleinen König herum war es auf einmal wieder sehr ruhig. Ihm fehlten die anderen Kinder, und ein Geschwisterchen herzaubern, das konnte er leider nicht.

In den kommenden Wochen gewöhnten sie sich allmählich an den heimischen Alltag. Die Termine von Physiotherapie und Logopädie wurden so gelegt, dass der kleine König mit seinem Vater nicht unnötig durch die Gegend fahren musste. Das hatte zwar zur Folge, dass er zwei anstrengende Tage hatte, an denen er nach dem Mittagessen immer todmüde in einen tiefen Mittagsschlaf fiel. Dafür gab es aber drei Tage, die er daheim war, da zur Frühförderung die Seifenblasen-Karin ins Haus kam, die ihre Therapiestunden immer mit Seifenbasen begann, was der kleine König besonders liebte. Wenn es dann doch fortging, fuhren sie entweder zu einer Feier, besuchten jemanden oder genossen einfach die Landschaft. Regelmäßig drehte der kleine König im Kinderwagen liegend mit seiner Mutter oder der ganzen Familie eine große Runde durch den Wald. Er genoss es, in den blauen Himmel zu schauen, dem Gesang der Vögel zu lauschen, und je mehr das Frühjahr seine Pracht zeigte, auch den Blättern, die sich im Wind bewegten, nachzuschauen.

Natürlich versuchten die Eltern weiterhin, den kleinen König an das Essen mit dem Löffel zu gewöhnen. Dies ging mit der Zeit zunehmend besser und mit immer weniger Protest. Eine Mahlzeit nach der anderen wurde so zu einer Löffelmahlzeit. Ab Juli akzeptierte der kleine König dann alle Mahlzeiten mit dem Löffel.

Seinen zweiten Geburtstag feierte der kleine König mit vielen Gästen und freute sich, dass einige selbst den weiten Weg zu seinem Fest nicht scheuten. An diesem Tag strahlte die Sonne und die Luft war so mild, dass sich alle nach dem Kaffee einen Platz draußen im Garten suchten.

In der Frühförderung lernte der kleine König in den folgenden Wochen einige Spiele, mit denen er sich gerne die Zeit vertrieb. Dazu zählten das Versteckspiel unter seinem Lieblingstuch, das Tuch durch die Spule ziehen, Murmeln durch einen Schlauch rollen sehen und genau zu wissen, wo sie landen würden. Ebenso genoss er es, einen Turm, der vor ihm aufgebaut wurde, gezielt und mit viel Kraft umzuwerfen. Mit der Zeit freundete er sich mit der neuen Therapeutin in der Krankengymnastik-Praxis an, akzeptierte die neue Umgebung und machte bereitwillig die Übungen mit. Bei den sich anschließenden Logopädiestunden sorgte er wiederholt für Überraschungen und kaute viel lieber auf Gummibärchen herum als auf den Silikonschläuchen der Logopädin.

Im Mai verbrachte der kleine König eine ganze Woche mit seinem Vater im Schwarzwald. Dort gab es ein Zentrum, das darauf spezialisiert war, Kinder zu unterstützen, die eine Behinderung haben und sich schwertun das Essen zu lernen. Von der Einrichtung hatten die Eltern bei der Reha erfahren. Eigentlich kannte er die

Übungen mit den vielen Liedern der Logopädin schon, doch bei dieser Intensivwoche stand hierfür mehr Zeit zur Verfügung. Zu den bekannten Kinderliedern ›Morgens früh um sechs, kommt die kleine Hex‹ bewegten die Therapeutinnen seine Beine, zu ›Schmetterling, du kleines Ding‹ seine Arme. Diese Bewegungen regten seine rechte und linke Hirnhälfte an und das tägliche zweimalige Wiederholen sorgte dafür, dass er sich alles einprägte und mit der Zeit selbst aktiv mitmachen und nicht nur bewegt werden wollte.

Natürlich war es für den kleinen König seltsam, allein mit dem Papa unterwegs zu sein und nur am Telefon die Stimme der Mama zu hören. Als er am Donnerstag aufwachte und seine Mutter neben der Logopädin an seinem Bett erblickte, strahlte er über das ganze Gesicht. Die Überraschung war ihr gelungen.

Es waren recht intensive Tage, die die Königsfamilie in dem Jahr bisher erlebt hatten, und so war der Besuch von Edda, einer Freundin der Mutter aus der Ortenau, eine gute Abwechslung. An diesem Tag probierte der kleine König erstmalig einen pürierten Butterzopfbrot mit Marmelade und Milch. Das war eine Entdeckung! Von da an fand er heraus, dass es viel mehr Schmackhaftes auf der Welt gab als nur Milch, Grießbrei oder irgendwelche Gläschen, die alle gleich schmeckten. Durch die Entdeckerfreude, die er zeigte, fühlte sich der Vater, der sich immer mehr in die Rolle des Kochs einarbeitete, herausgefordert und entwickelte unzählige Variationen pürierter Speisen, die der kleine König dankbar annahm.

Die unangenehme Angewohnheit, sich in die Finger zu beißen, hatte der kleine König, allen Versuchen zum Trotz, beibehalten. Meist kam er dabei ohne große Verletzungen davon, doch immer wieder galt es, die blutigen Finger zu verbinden und, wenn es möglich war, zu verhindern, dass er sie in Mundnähe brachte. Für seine Eltern und alle anderen, die dabeistanden, waren diese Erlebnisse fast ebenso schmerzhaft wie für den kleinen König.

Im Juni war die Königsfamilie mal wieder auf großer Tour in den Norden, um die Oma und die restlichen Verwandten zu besuchen. Auf dem Heimweg machten sie einen Abstecher zu Freunden in der Ortenau. Die Eltern wollten erst am späten Abend weiterfahren, damit ihr Sohn schon mal eine Runde im Auto schlafen konnte, aber sie hatten die Rechnung nicht mit dem kleinen König gemacht. Als das Auto anfuhr, gähnte er zwar herzhaft und die Eltern waren der Meinung: ›Unser Kleiner wird gleich einschlafen‹. Doch da hatten sie sich getäuscht. Der kleine König schaute lieber den Lichtern nach, die in den Ortschaften zu sehen waren und freute sich an den Scheinwerfern der anderen Autos. Spät nachts kamen sie zu Hause an. In Windeseile trank er sein Fläschchen als Schlaftrunk und fiel danach in einen tiefen Schlaf. Seit jener Fahrt war der kleine König, auch wenn er noch so müde war, nicht mehr bereit, während einer Autofahrt zu schlafen, denn er hätte ja etwas Wichtiges verpassen können.

Von der Umstellung seiner Ernährung profitierte der ganze Verdauungstrakt. Die ›Microclists‹, ein Medikament, das wie ein Einlauf verwendet wird, das bei seinen Bauch- und Verdauungsbeschwerden ab und zu eingesetzt worden war, kam nicht mehr zur Anwendung. Zur Sicherheit hatten sie es zwar noch im Haus, doch dem eingespielten Team von Vater und Sohn gelang es, dass das große Geschäft immer häufiger in der Toilette landete. So wurde eines Tages ein neuer Begriff zum festen Bestand: ›Ach, du liebe Zeit, Stinker ...‹ Während im Sommer in Athen die Olympiade stattfand, wurden im Königshaus Goldmedaillen an den kleinen König verteilt, wenn er gleich am Morgen mit seinem ›Ach, du liebe Zeit, ...‹ dran war.

Der kleine König packt seine sieben Sachen

Mit der Olympiade begannen die Sommerferien. Die Behandlungen des kleinen Königs liefen währenddessen weiter, da alle Therapeuten ihren Urlaub schon hinter sich hatten und deshalb zur Verfügung standen. Als die Mutter Urlaub hatte, fuhr die Königsfamilie manchmal gemeinsam zu den Therapien. Hin und wieder begleitete sie allein ihren Sohn, damit der Vater Zeit hatte, um an den Hausplänen der Familie zu arbeiten.

In den folgenden Wochen fuhr die Königsfamilie täglich zur Oma nach Ostrach, und der kleine König hielt seinen Mittagsschlaf zum ersten Mal in einem großen Bett bei seiner Oma. Zum allgemeinen Erstaunen schlief er dort so gut, dass es schwierig war, ihn zu wecken.

Während der kleine König schlummerte, arbeiteten seine Eltern im Nachbarort in einem alten Haus, das immer ungemütlicher wurde, und kamen später ganz staubig zurück. Sie sortierten dort lagernde Gegenstände und bereiteten alles für den Abriss vor.

Nachdem der Urlaub seiner Mutter vorbei war, hielt der kleine König weiterhin jeden Nachmittag bei der Oma seinen Mittagsschlaf. Damit sein Papa genug Zeit für das Haus hatte, erlaubte der kleine König seiner Oma sogar, ihm den Nachmittagsbrei zu geben. Die beiden wurden ein so gut eingespieltes Team, so dass der Vater ohne Sorge bei der Arbeit blieb. Der kleine König selbst war nur selten im Nachbarort. So staunte er nicht schlecht, als er an einem Sonntag im November nur noch die Garagen des alten Hauses stehen sah.

In den Monaten zuvor hatte er mit seinen Eltern wiederholt einen freundlichen Mann besucht, den die Eltern Architekt nannten, aber dessen Beruf er nicht so richtig durchschaute. Auf jeden Fall sah er auf dessen Computer Umrisse, die einmal – wie man ihm sagte - ein Haus werden sollten. Wie man sich aber auf so einer kleinen Fläche wohlfühlen sollte, konnte sich der kleine König nicht vorstellen. Da wollte er doch lieber in der netten kleinen Wohnung bleiben, die er gewohnt war. Oder musste man diesen Plan – so nannten Papa und Mama diese Umrisse - mit einem starken Vergrößerungsglas anschauen, damit etwas daraus wurde?

Seine Eltern hatten ihm erklärt, dass dieses neue Haus behindertengerecht gebaut und besonders auf ihn und seine Bedürfnisse ausgerichtet wurde. Er staunte, an was da alles gedacht werden musste. Die Türen mussten breit genug sein, damit ein Rollstuhl durch passte, die

Fenstergriffe waren weiter unten eingeplant, damit er vom Rollstuhl aus ein Fenster öffnen konnte, wenn er dazu in der Lage sein sollte. Auch ein rollstuhlgerechtes Badezimmer im Erdgeschoss war notwendig. Das dazugehörende Zimmer wurde ›Therapiezimmer‹ genannt.

Dann trafen sie sich mit anderen Männern, die anscheinend Häuser bauten und Dächer daraufsetzten. Mit ihnen sprachen die Eltern über irgendwelche Zahlen, die der kleine König nicht erfassen konnte. Doch so langsam wurde ihm klar, was die ganzen Besprechungen und Termine mit den Maurern und Zimmermännern bedeuteten. An der Stelle im Nachbarort also sollte das neue Haus entstehen, das er beim Architekten am Computer gesehen hatte.

Es wurde Advent und die Eltern erzählten dem kleinen König, dass sie in diesem Jahr keinen Christbaum im Wohnzimmer haben würden. Sie sprachen aber davon, dass dieser auf dem Dach des neuen Hauses stehen würde. Das verstand der kleine König nun wirklich nicht. Beim Gedanken, keinen Weihnachtsbaum zu haben, wurde er traurig, er liebte doch die vielen Lichter. Mit der Zeit begriff er, warum die Eltern sich so auf diesen Christbaum auf dem Dach freuten. Sie hofften, dass bis dahin der Rohbau stehen würde. Aber ob die Zeit bis Weihnachten für den Bau des Hauses reichen würde?

Der kleine König hatte wohl einen ›guten Riecher‹, denn pünktlich zum vierten Advent zog der Winter recht heftig ins Land. Alles wurde weiß, und seine Eltern mussten nicht nur bei ihrer Wohnung, sondern auch im Nachbarort der Oma Schnee räumen. Das waren Mengen von Schnee! Sie wussten bald nicht mehr wohin damit. Dem kleinen König jedoch gefiel diese Schneelandschaft, sie glitzerte so schön.

Das Weihnachtsfest kam und es wurde deutlich, dass weder auf dem Dach des neuen Hauses - das war nämlich noch gar nicht darauf - noch im Wohnzimmer der Königsfamilie ein Christbaum stehen würde. So schwer es dem kleinen König auch fiel, keinen Weihnachtsbaum zu haben, freute er sich doch darüber, dass ihm seine gewohnte Spielecke zur Verfügung stand. Maria, Josef und das Jesuskind erhielten nach wie vor einen besonderen Platz im Wohnzimmer. Nachdem die Königsfamilie über die Feiertage außerdem viel unterwegs war und der Besuch bei der Oma in Weinheim anstand, fiel ihnen das Fest ohne Christbaum nicht so schwer.

Diese Fahrt nach Weinheim war für den kleinen König in diesem Jahr eine Qual. Ob es am Autofahren an sich, an der Heizung oder an sonst etwas lag - ihm wurde so übel, dass er erst einmal eine Pause brauchte. Glücklicherweise erholte er sich schnell und sah auch wieder besser aus, so konnte die Königsfamilie ihre Fahrt fortsetzen. Sie waren froh, als sie Weinheim erreicht hatten. Dort stärkte sich der kleine König erst einmal. Während Onkel Tom die Oma aus dem Pflegeheim holte, erlaubte er sich den Luxus eines Mittagsschlafs. Anschließend erlebten sie gemeinsam einen schönen Nachmittag. Bevor es dunkel wurde, brachte Onkel Tom die Oma wieder zurück, und der kleine König begab sich mit seinen Eltern auf den Weg nach Worms zu Tante Rita und Onkel Karl, bei denen sie übernachteten. Dort angekommen, machten sie es sich so richtig gemütlich und redeten lange, ehe sie todmüde ins Bett fielen.

Am nächsten Morgen teilten sich auf. Die Mutter und Tante Rita fuhren früh los und kauften Kleider für die Oma. Onkel Karl, der kleine König und sein Papa hatten bis zum Nachmittag frei.

Schon am nächsten Tag trat die Königsfamilie ihre Rückreise an, zwischen den Feiertagen wollten die Eltern alle Balken und Bretter für das Dach streichen. Der kleine König genoss die Stunden, die Papa und Mama bei eisiger Kälte in der Halle der Zimmerei verbrachten, in der warmen Stube bei der Oma. Er war sehr stolz, als seine Eltern, die von Freunden und Verwandten unterstützt wurden, an Silvester den letzten Pinselstrich setzten und freute sich auch auf die erste Übernachtung bei seiner Oma. Seine Eltern hatten in den vergangenen Tagen viel geleistet, deshalb gönnte er ihnen einen schönen Silvesterabend zusammen mit ihren Freunden. Friedlich schlummerte er bei der Oma in Ostrach ein, da er wusste, dass Mama und Papa in der Nacht auch dorthin kommen würden.

In den ersten Wochen des Januars konnten sie etwas entspannen. Der Vater hatte eine Pause, weil der Schnee nicht weichen wollte und die Maurer noch nicht mit ihrer Arbeit fertig waren. Der kleine König verbrachte trotzdem viel Zeit bei seiner Oma und genoss dies. Wenn er dann aber an den Wochenenden Mama und Papa für sich allein hatte, fühlte er sich genauso wohl.

Allmählich traute sich die Sonne hinter den dicken Wolken hervor und ließ den Schnee schmelzen. Die Maurer kamen wieder und arbeiten schneller, als man zuschauen konnte. Bald war auch der Dachstuhl auf dem Haus, doch zunächst ohne Dachziegel. Kaum war das Dach geschlossen und die Latten oben, kam schon der nächste Sturm mit viel Schnee und es gab wieder eine Pause beim Hausbau. Dem kleinen König war das nur recht, denn so hatte sein Vater mehr Zeit für ihn. Er merkte zwar, dass mit jedem Tag, an dem schlechtes Wetter war, der Umzug in weite Ferne rückte, aber er brauchte eben seine Schmuseeinheiten.

In den folgenden Wochen besuchte er erstmals probeweise den Kindergarten in der Gewissheit, dass er ab seinem dritten Geburtstag zunächst nicht allein dableiben musste. Solange Papa und Mama bei ihm waren, hielt er die Zeit dort gut aus. Dennoch war das alles etwas viel für ihn: All diese Kinder und der Lärm und dann sollte er irgendwann allein hierbleiben? Er wusste nicht, ob er das wirklich wollte. Seine Eltern überlegten, wie sie ihn hierauf neugierig machen konnten. Bevor sie den kleinen König anmelden konnten, untersuchte ihn eine Ärztin vom Gesundheitsamt in Sigmaringen. Einige Wochen später kam dann der Brief, dass er den Schulkindergarten von den Mariaberger Heimen besuchen dürfe.

In der Zwischenzeit hatten die Arbeiter den Hausbau längst beendet. Während der Fastnachtsferien im Februar stand die Königsfamilie mit großen Augen vor dem Rohbau – ohne ihr Wissen hatte sich dort einiges verändert: Die eingebauten Fenster wirkten so einladend auf den kleinen König, dass er schon daran dachte, gleich seine Siebensachen zu packen und umzuziehen. Seine Eltern zeigten ihm aber, dass noch viel Arbeit anstand, bevor sie an einen Umzug denken konnten.

In den folgenden Wochen bekam die Königsfamilie immer wieder Besuch von Bekannten und Verwandten, die Material für den weiteren Hausbau mitbrachten. Auch seine Mutter war ständig unterwegs, um Bestellungen abzuholen oder falsch geliefertes Material umzutauschen. Bei einer dieser Touren brachte sie Tante Rita mit, die eine ganze Woche zu Besuch bleiben wollte. Der kleine König hatte gehört, dass sie sich vor allem um ihn kümmern sollte, damit der Vater auf dem Bau arbeiten konnte. Mit Spannung wartete er, was da auf ihn zukam. Ob das gut ging? Bisher waren sie ja gut miteinander ausgekommen, er mochte Tante Rita sehr.

Als sie da war, zeigte er sich von seiner besten Seite und dann begann das Abenteuer. Mit seiner Tante fuhr der kleine König in dieser Woche zu den Therapien, ließ sich von ihr füttern, wickeln, und genoss es, an der frischen Luft zu sein. Mittlerweile waren selbst ihm die Schneemassen, die da lagen und die immer wieder dazukamen, langsam zu viel. Doch seine Tante hatte eine solche Freude an dieser Winterlandschaft, dass sie mit ihm, warm eingepackt, im Kinderwagen die ganze Gegend erkundete.

Langsam näherte sich der Tag ihrer Abreise und der kleine König merkte, dass die schöne Zeit mit seiner Tante zu Ende ging. Beide waren doch so ein eingespieltes Team geworden, und ausgerechnet jetzt hieß es Abschied nehmen. Das Wissen, Tante Rita am Geburtstag wieder zu sehen, machte es ihm leichter.

Die vielen Freunde und Verwandten, die den Vater beim Hausbau unterstützten, leisteten großartige Arbeit. Jedes Mal, wenn der kleine König zur Hausbesichtigung kam, sah er, was sich wieder verändert hatte. Seine Mutter wurde in dieser Zeit fast zur Bäckerin im Nebenberuf, denn immer, wenn im Haus gearbeitet wurde, war sie am Kuchenbacken. Alle Helfer wurden von ihr mit Kaffee, Kuchen und einem guten Abendessen verwöhnt. Wahrscheinlich war es der Duft, der dem kleinen König so gefiel, dass er sich vornahm, dieses süße Etwas mal zu probieren.

Langsam roch die Luft nach Frühjahr. Die Eltern des kleinen Königs rätselten, wann endlich die Dachziegel auf das Dach kommen würden.

Anfang April fuhr die Mutter wieder nach Rastatt, um das alte Auto gegen ein neues auszutauschen. Anschließend holte sie in Weinheim weitere Rohre für die Wasserleitungen des Hauses ab und machte einen Überraschungsbesuch bei der Oma im Pflegeheim. Während sie unterwegs war, deckten der Vater und seine Freunde gemeinsam mit den Zimmerleuten das Dach. Er und der kleine König machten sich einen Spaß daraus, die Mutter, die zwischendurch anrief, im Unklaren zu lassen, wie es bei den Dachdeckerarbeiten lief. Als sie abends kurz bevor es richtig dunkel wurde ankam, staunte sie nicht schlecht. Die vielen Hände hatten das Dach fertig gedeckt, und auch die Solarkollektoren waren schon darauf befestigt. An diesem Abend fuhr die Königsfamilie glücklich, doch total erschöpft nach Hause. Mittlerweile fühlten sie sich dort gar nicht mehr wohl, überall stapelten sich Papiere, die gesichtet und dann wieder auf die Seite gelegt wurden. Alles war wichtig, aber allmählich fehlte es an Platz in der kleinen Wohnung.

Da sein dritter Geburtstag und damit der Beginn der Kindergartenzeit näher rückte, schickten die Eltern im Vorfeld seinen Ernie in den Kindergarten. Der sollte erkunden, was es da alles gab. Ernie erzählte dem kleinen König, das mit den Kindern dort viel gelacht, gespielt und gebastelt wurde und die netten Erzieherinnen Geschichten vorlasen.

Nach seinem dritten Geburtstag besuchte der kleine König den Kindergarten zunächst auf Probe. Das war schön und gleichzeitig schwer für ihn. Er freute sich über die vielen anderen Kindern, denen es ähnlich ging wie ihm. Manche konnten laufen und sprechen, andere hatten noch mehr Einschränkungen als er. Gleichzeitig war er traurig, dass die schönen Stunden mit der Seifenblasen-Karin von der Frühförderung damit zu Ende gingen. Der Abschied von diesen guten Händen fiel ihm so schwer, dass er gar nicht wusste, ob er überhaupt in den Kindergarten gehen wollte. Seine Eltern, die Erzieherinnen und die Seifenblasen-Karin merkten das und ermöglichten ihm einen langsamen Abschied. An einem Tag kamen sogar zwei Erzieherinnen mit nach Hause und ließen sich zeigen, was der kleine König alles konnte.

Ab Ende April besuchte der kleine König bereits an drei Tagen in der Woche den Kindi – so nannte man den Kindergarten in der Gegend, in der der kleine König lebte. Zunächst fuhr ihn sein Papa am Vormittag hin und holte ihn mittags wieder ab. Schon bald gab es eine Veränderung. Der Vater brachte ihn nach dem Frühstück in den Kindi und nach dem Mittagessen fuhr der kleine König mit einem Bus direkt zur Oma. Dort machte er dann erst einmal einen langen Mittagsschlaf, um alles, was er im Kindi erlebt hatte, zu verarbeiten. Im Schlaf ging das einfach besser.

Nach den ersten Tagen im Kindergarten feierten sie dort schon ein Fest. An einem Samstagvormittag waren alle Eltern zu einem Vatertags- und Muttertagsbrunch eingeladen. Gegen Ende des Festes setzten sich die Kinder mit den Eltern in einen Stuhlkreis. Jedes Kind brachte seinen Eltern ein Geschenk, eine Rose und eine Schriftrolle. Dabei wurde ein Lied gesungen. Der kleine König hatte zuvor schon gute Hände ausgewählt, die ihm bei dieser Aktion halfen. Er überreichte seinen Eltern einem Handabdruck, den er in der kurzen Zeit mit Unterstützung der Erzieherin gestaltet hatte. Die Eltern waren zu Tränen gerührt und freuten sich riesig über diese Überraschung.

Im Anschluss begannen die ersten Ferien für den kleinen König. Zunächst wunderte er sich, warum er nicht zum Kindi gebracht wurde, sondern bei Mama zu Hause blieb. Nach einigen Tagen begriff er: Ferien haben heißt, der Kindergarten ist zu. Um die Zeit mit seiner Mutter, die immer noch täglich backte, zu nutzen, suchte er sich ein neues Abenteuer: Er wollte diese duftenden Kuchen, die die Helfer mit Freude verspeisten, endlich selbst probieren. Von den Stückchen, die er in seinen Mund gesteckt bekam, war er zunächst nicht begeistert, aber seltsamerweise schmeckte es gut. Täglich probierte er nun Kuchen oder Kekse, doch mit dem Kauen freundete er sich nur schwer an. Vielleicht gelingt es ja in den nächsten Ferien besser, dachte er und freute sich umso mehr, wenn die Oma ihm Brei zu essen gab.

Für den weiteren Innenausbau stand nun das Auswählen von Fliesen an. Da der Vater Besuche in Baumärkten nicht mochte, zog die Mutter los und kam einige Zeit später mit verschiedenen Fliesenmustern zurück. Gemeinsam machte sich die Königsfamilie an die Endauswahl. Der kleine König erschrak zunächst über den Geschmack seiner Mama, die ein solches Durcheinander in Badezimmer, Küche, Flur und wo sonst Fliesen gebraucht wurden, haben wollte. Das würde ja eine bunte Mischung geben. Doch nach und nach wurde ihm klar, dass es nur um eine Sorte ging, die jeweils in einen Raum verlegt werden sollte. Also schaute er gelassen zu, was seine Eltern auswählten und bestellten.

Mittlerweile war der kleine König ein richtiger Baufachmann geworden, denn er hatte in den letzten Monaten so allerlei über Baumaterialien, Dämmung und so manches mehr, was gebraucht wurde, mitbekommen. Er beschloss aber, sich auf Wichtigeres zu konzentrieren und überließ den Hausbau seinen Eltern. Stattdessen prägte er sich lieber Namen von Menschen ein, oder lernte Lieder und Fingerspiele. Sein Lieblingsfingerspiel waren die fünf Kinder, die in den Zoo gehen. Dabei lachte er so kräftig, dass sein ganzer Körper wackelte, und hörte mit Glucksen fast nicht mehr auf.

Der Hausbau schritt zügig voran und die Königsfamilie überlegte, zu welchem Termin sie umziehen wollten. Sollte sie auf Nummer sicher gehen und die Wohnung bis Ende November behalten oder kündigten sie diese doch schon zu Ende Oktober? Mutig entschieden sie sich für Ende Oktober. Der kleine König war skeptisch, ob es sinnvoll war, eine sichere Bleibe zu verlassen. Im neuen Haus sah es zwar bereits nach Wohnung aus, aber gemütlich war es dort noch nicht.

Anfang August stand ein Termin beim Kinderarzt an. Endlich mit langer Verzögerung erhielt der kleine König die 3. Impfung in seinem Leben. Am Nachmittag freuten sich die Eltern, wie gut ihr Kleiner diesmal die Spritze vertrug; leicht erhöhte Temperatur und Quengeln gehörten dazu. Doch sie hatten sich zu früh gefreut. Am Abend bekam der kleine König seltsame Zuckungen im Gesicht. Die Eltern waren aufgeregt und in großer Sorge. War dies eine Impfreaktion? Sollten sie in die Kinderklinik fahren? Zu dieser Uhrzeit irgendeinem Arzt oder ein Krankenhaus aufzusuchen, hatte keinen Sinn. Nach einer langen Zeit - oder fühlte es sich nur lang an - war der Spuk vorbei. Sie waren erleichtert, doch es blieben ein Rest Angst und Sorge zurück. War es ein epileptischer Anfall? Eine Reaktion auf die Impfung? Was hatte das zu bedeuten? Auch der Kinderarzt hatte keine Erklärung dafür. Mit dieser Ungewissheit mussten die Eltern leben. Am nächsten Morgen ging es dem kleinen König besser, die Therapien für diesen Tag sagten sie dennoch ab. Nach diesem Abend benötigten sie alle eine Pause.

Der kleine König hatte sich mittlerweile im Kindergarten gut eingelebt hatte. Montags fiel es ihm zwar oft schwer, von zu Hause wegzugehen, doch von Woche zu Woche wurde es besser. Eines Tags unternahm er mit dem Kindi einen Ausflug. Autofahren liebte er sowieso, aber die Schifffahrt auf dem Bodensee war eine neue Erfahrung. Zum krönenden Abschluss gab es in einem ›Restaurant‹ Pommes zu essen. Das Grillfest des Kindergartens im Seepark in Pfullendorf kurz darauf läutete die Sommerferien ein.

Ferien - darauf freute sich der kleine König, auch wenn er wusste, dass dies die ›Hochsaison‹ im Hausbau sein würde. Seine Mutter fuhr ihn zu den Therapien, während der Vater und seine Freunde im Haus arbeiteten. An manchen Tagen schaute der kleine König zu, wie seine Mama das Garagentor strich oder begutachtete ihre ersten Versuche im Tapezieren und Malern. An anderen beobachtete er, wie sein Papa die vielen Stromkabel - oder wie man die langen Seile mit Drähten drin nennt - sortierte.

Mit der Zeit entwickelte er sich zu einem exzellenten Hausführer, zumal die meisten Zimmer in diesem Haus ja für ihn hergerichtet wurden. Hierzu ließ er sich von Mama oder Papa auf den Arm nehmen und zeigte mit seinen Augen, in welchen Raum er wollte. Die Eltern liehen ihm dann ihre Stimme, da er ja nicht sprechen konnte. Während sie den Gästen die Besonderheiten des Hauses in seinem Sinne erklärten, strahlte der kleine König über das ganze Gesicht.

Alle Besucher, die in den Sommerferien kamen, sahen, wie es in den Räumen immer wohnlicher wurde. Manchmal überlegte der kleine König, ob er nicht doch selbst mit Hand anlegen sollte – er begnügte sich dann aber, mit dem Malerhut, den er zum Schutz für sein schönes Haar trug, zuzuschauen.

Ende August fehlte im Haus nur noch die Küche und der Umzug rückte in greifbare Nähe. Das war auch gut so, denn die ständige Fahrerei zwischen den einzelnen Orten wurde langsam langweilig. Der kleine König kannte inzwischen schon fast alle Bäume auf der Strecke.

Die Sommerferien gingen ihrem Ende entgegen. Die Mutter des kleinen Königs war längst wieder arbeiten und auch für den kleinen König begann wieder der Kindergartenalltag. Nach den Wochen zu Hause fiel ihm die Umstellung nicht leicht. Vom ersten Tag an brachte ihn nicht mehr der Vater in den Kindergarten. Früh am Morgen um 7:50 Uhr - für ihn war es kurz nach Mitternacht - wurde er von einem kleinen Bus abgeholt, in dem schon einige der Kinder aus seiner Gruppe saßen.

Mit der Zeit freundete er sich damit an, außerdem blieb er nun dreimal in der Woche den ganzen Tag über im Kindi. Da bis auf die Logopädie auch alle Therapien im Kindergarten stattfanden, war der kleine König jeden Tag bis zum frühen Nachmittag dort. Das war anstrengend! Wenn er dann bei seiner Oma ankam, war er todmüde und fiel meist in einen tiefen, langen Schlaf. Die Oma hatte oft ihre liebe Not, ihn wach zu bekommen.

Nun ging es mit großen Schritten auf den Umzug zu, daher legte der kleine König bei der Logopädin eine Therapiepause ein. Seine Mutter erzählte ihm, dass sie jetzt alles in Kisten packen, mitnehmen und dann umziehen würden. Das Einpacken gefiel ihm.

Nach und nach sah er, wie das neue Haus wohnlicher wurde. Die Küche war inzwischen eingebaut worden und das meiste Geschirr war schon da.

Die Schränke sollten in einer Nacht- und Nebelaktion eingekauft und aufgebaut werden. Das war eine Aktion, die der kleine König nicht so schnell vergaß: Am Nachmittag, er kam gerade vom Kindergarten bei der Oma an, setzten sich seine Eltern in das Auto, an dem ein Anhänger hing. Während sie in Freiburg die Möbel kauften, ließ sich der kleine König von seiner Oma verwöhnen. Als es aber Abend wurde und weder Mama noch Papa kam, um ihn abzuholen, fing er an, sich große Sorgen zu machen. Sicher, hier ging es ihm gut, doch das war nicht normal. Irgendwann läutete das Telefon und er hörte von seiner Oma, dass er diese Nacht bei ihr schlafen sollte. Aber ohne Schlafanzug, Zähneputzen und ohne das Abendritual mit Papa und Mama ins Bett gehen, das gab es noch nie. Der Oma gelang es, den kleinen König zu beruhigen. Sie sprach mit ihm ein Abendgebet, gab ihm einen Gutenachtkuss und er schlief ruhig ein. Am nächsten Morgen waren die Eltern wieder da und erzählten ihm, dass sie ihm in der Nacht noch einen Kuss gegeben hatten, nachdem sie spät von Freiburg zurückgekehrt waren. Der kleine König war erstaunt, dass er davon nichts gemerkt hatte.

Dann begann das große Kistenpacken für den Umzug. Der kleine König schaute verzweifelt seine ganzen Spielsachen an und fragte sich: Wohin nur mit all den Sachen? So viele Taschen, Koffer und Klappboxen haben wir doch gar nicht. Aber auf geheimnisvolle Weise standen da auf einmal jede Menge Umzugskisten und Bananenkisten. Seine Ärztin, die wenige Wochen zuvor umgezogen war, hatte ihnen diese Kisten zur Verfügung gestellt. Damit war der Königsfamilie geholfen.

Obwohl die Mutter schon eine große Zahl Kartons gepackt hatte, sah es in der Wohnung noch fast normal aus. Erst als die Eltern bei jeder Fahrt die Autos randvoll beluden, wurde es in den Zimmern leerer und ungemütlicher. Mit kurzen Spaziergängen im Ort oder im Wald erholten sie sich von den Strapazen.

Ende September, am Sonntag vor dem Umzug, traf sich die Königsfamilie mit Opa und Oma zum Kaffeetrinken im neuen Haus. Der kleine König wollte an diesem Nachmittag schon einmal ausprobieren, ob man hier gut schlafen konnte. Die Matratze, die hergerichtet war, kannte er bereits. So legte er sich hin, kuschelte sich in seine Decke und die Eltern ließen die Rollläden runter. Sie waren darauf gefasst, dass dieser Mittagsschlaf ausfallen würde. Doch siehe da: Es blieb ruhig. Selbst als Opa und Oma zum Kaffee kamen, mit den Stühlen lärmten, das Geschirr klapperte und die Tür zu seinem Zimmer geöffnet wurde, schlummerte der kleine König weiter. Nicht einmal von der Helligkeit, die nach Öffnen des Rollladens in den Raum strömte, wurde er wach. Erst viele Schmuse- und Streicheleinheiten weckten ihn nach mehr als zwei Stunden. Dieser Test war bestanden, das Haus taugte für einen guten, erholsamen Schlaf. Die Eltern verschwendeten keinen Gedanken mehr daran, wie ihr Kleiner den Umzug verkraften würde.

Der Abend vor dem Umzug wurde von einer Nachricht überschattet. Eine Freundin der Mutter rief an und berichtete, dass die guten Hände der ersten Lebensstunden des kleinen Königs nicht mehr da waren. Der Arzt war plötzlich und unerwartet gestorben. Die ganze Familie war sehr traurig und konnte sich nicht vorstellen, ihn nicht mehr in Friedrichshafen zu treffen. Er war ihnen so wichtig geworden, darum nahmen sie ihn mit in ihr Abendritual auf. Hierbei sang die Königsfamilie ein Gute-Nacht-Lied und zählte alle Namen auf, an die sie dachten und für die sie beteten.

Am nächsten Tag wurde der kleine König sehr früh geweckt, da ihn der Kindi-Bus bereits kurz nach Mitternacht, also 7.10 Uhr, abholen sollte. Er schaute sich nochmals sein Kinderzimmer an und nahm Abschied von seinen Kuscheltieren. Seine Eltern erklärten ihm: »Während du im Kindergarten bist, packen wir alles ein, laden es auf den Hänger des Nachbarn, der uns beim Umzug hilft, und heute Nachmittag, wenn du ins neue Haus kommst, ist dein neues Zimmer eingerichtet.«

Kaum war er mit dem Bus abgefahren, begann die Umzugsaktion. Zweimal luden die Eltern den Hänger voll und stellten im neuen Haus alles erst einmal ab. Nach einer kleinen Stärkung machten sie sich ans Einrichten. Zunächst wurde das Zimmer des kleinen Königs hergerichtet, damit er es gleich als seins erkannte. Danach kümmerten sie sich um das Elternschlafzimmer und die anderen Räume, soweit das zeitlich möglich war. Als der kleine König vom Kindi nach Hause kam, war an einen Mittagsschlaf nicht zu denken. Nicht, weil ihm sein Zimmer nicht gefallen hätte oder er nicht müde war. In der Zwischenzeit waren Onkel Tom aus Weinheim und die Tante Rita aus Worms angekommen, deren Besuch er auf keinen Fall verpassen wollte. Sie hatten Seifenspender, Seifenschale und Handtuchhalter für das Gästebadezimmer aus Weinheim mitgebracht und wollten beim Einräumen helfen.

Nach diesem Tag sah es im neuen Haus noch schlimm aus. Umzugskisten stapelten sich in allen Ecken, vieles wurde in die Hand genommen und wieder weggelegt. Die Eltern taten sich schwer, für alles, was in Kartons lag, den richtigen Platz zu finden. Daher öffneten sie einfach eine Flasche Sekt, suchten aus den Kisten die

Sektgläser heraus und stießen mit dem Besuch auf das neue Zuhause an. Dem kleinen König reichte der Duft des Sektes aus. Er verstand überhaupt nicht, wie man bei so einer Unordnung feiern konnte, aber er nahm es mit Humor.

Spät am Abend legte er sich zum ersten Mal in seinem neuen Zimmer ins Bett. Irgendwer hatte ihm gesagt, dass die erste Nacht in einem neuen Haus etwas Besonderes sei, aber er konnte sich am nächsten Morgen an keinen Traum erinnern. Er hoffte, dass er irgendwann in Erfüllung gehen und er ihn wiedererkennen würde.

Die ersten Tage im neuen Zuhause waren sehr spannend, immer wieder entdeckten sie etwas Neues, das Spaß machte. Es gab so viel Platz, dass man sich fast verirren und richtig Verstecken spielen konnte. So viel Platz hatten sie vorher nicht. Wenn die Mama von der Arbeit nach Hause kam und ihre ›Männer‹ suchte, verschwand der kleine König mit seinem Papa – Schwups – ganz schnell hinter einer Ecke, in einen anderen Raum, oder sie versteckten sich in der Speisekammer. Das war lustig!

In den folgenden Tagen packten die Eltern viele Kisten aus und es wurde im königlichen Haus immer gemütlicher. Der kleine König fühlte sich mit Mama und Papa von Anfang an sehr wohl im neuen Zuhause, nichts war fremd und ungewohnt.

Inzwischen kam der Bus, der ihn zum Kindergarten brachte, wieder zur gewohnten Zeit am frühen Morgen, also um 7:50 Uhr. Der kleine König war heilfroh, nicht mehr ganz so früh aufstehen zu müssen.

Im Oktober stand die Erweiterung des königlichen Fuhrparks an. Hierzu kam ein Mann mit großen Kinderwagen, die alle sehr bequem aussahen. Der kleine König hatte die Qual der Wahl: Sollte es der rote sein, der blaue oder doch der grüne? Er konnte sich nicht entscheiden. Alle Erzieherinnen und Therapeutinnen aus dem Team, die Zeit hatten, waren zur Beratung da. Endlich entschied er sich mit seinen Eltern für den blauen Wagen mit dem silbernen Gestell.

Der kleine König freute sich über seine ›Reha-Karre‹, mit der seine Spaziergänge und Ausflüge angenehmer wurden und er eine viel bessere Aussicht hatte. Außerdem gab es ein Zusatzgestell, mit dem er zuhause mit am Tisch sitzen konnte. Das war eine Wohltat, Papa und Mama konnten endlich wieder in Ruhe mit beiden Händen essen.

Eines Tages fuhren die Kinder aus der Wichtel- und der Sterntalergruppe in die Kirche, die neben dem Kindergarten war. Plötzlich waren Papa und Mama wie vom Himmel heruntergefallen auch da. Der kleine König wartete gespannt auf das, was da kommen sollte. Für ihn war so ein Kirchenbesuch ja nichts Neues. Er erkannte gleich, dass der schwarz gekleidete Mann da vorne ein Pfarrer sein musste. Als dieser sich dann umgezogen hatte, wusste der kleine König: Jetzt geht's los! Zunächst sangen sie gemeinsam ein schönes Lied vom Regen, der Sonne und dem Wind. Anschließend bekam jedes Kind ein Kreuz auf die Stirn gezeichnet. Das kannte er schon.

Am nächsten Tag wurde es wieder spannend. Ein Rettungswagen kam angefahren und ein Rettungssanitäter zeigte den Kindern, was man mit dem Wagen alles machen konnte. Im Stillen dachte sich der kleine König: ›Seid froh, wenn ihr den nie braucht.‹ Er wollte mit Krankenhäusern und ähnlichem so schnell nichts wieder zu tun haben. Nicht, weil man dort schlecht behandelt wurde, aber gesund sein war eben doch besser.

Die Herbstferien begannen. ›Was könnte man in den Ferien denn so alles unternehmen‹, überlegte sich der kleine König. Dabei fiel ihm auf, dass er, seit sie im neuen Haus wohnten, gar nicht mehr bei der Oma geschlafen hatte. Gemeinsam mit seinen Eltern fühlte er sich darin so wohl, dass er gar nicht weg wollte. Doch jedes Mal, wenn er die Oma traf, spürte er, dass sie Sehnsucht nach ihm hatte. So beschloss er, seine Eltern zum Einkaufen zu schicken und die Zeit bei der Oma zu verbringen. Dort machte er als erstes einen ausgiebigen Mittagsschlaf, danach genoss er den Nachmittag mit der Oma in vollen Zügen.

An den anderen Tagen bekam er oft Besuch. Es waren nicht irgendwelche Leute, sondern Menschen, die den kleinen König auf seinem Lebensweg begleitet hatten. Dazu zählten Spielkameraden und solche, die sich mit den Eltern verbunden fühlten. ›An so ein Leben könnte ich mich schon gewöhnen‹, dachte sich der kleine König. ›Morgens lange ausschlafen, viel Zeit zum Spielen und Schmusen mit Papa und Mama zu Hause, verschiedene festere Nahrungsmittel ausprobieren und spüren, dass man kauen kann, wenn man es nur will, besonders wenn es Kuchen ist. Aber sicher wäre das auf Dauer auch nicht gut!‹

Es war mittlerweile November geworden. Die Königsfamilie hatte sich schon gut im neuen Heim eingelebt. Eines Tages wurde ein Gerüst am Haus aufgebaut. Bis Weihnachten, sagte der Gipser, sollte der Grundputz, was auch immer das heißen mochte, an den Mauern sein. Der kleine König war skeptisch: Ob das klappen würde? Genau mit dem Gerüst kam der erste Schnee und bald zeigte sich, dass es mit dem Außenputz vor dem neuen Jahr wohl nichts mehr werden würde.

Seine Eltern hatten bereits in den Herbstferien ein Sofa bestellt. Dieses sollte den freien Platz im Wohnzimmer ausfüllen. Wenn der kleine König hätte laufen können, hätte er bis dahin noch eine riesige Spielfläche gehabt. Da er sich jedoch nicht gut bewegen konnte, nutzte er die freie Fläche, um seine Spielsachen zu verteilen, und freute sich, dass sie niemanden störten. In der alten Wohnung in Herdwangen-Schönach war da immer gleich eine große Unordnung entstanden. So ein großes Haus hatte doch etwas für sich.

Es war an einem Samstagnachmittag und der kleine König ahnte, dass etwas Besonders bevorstand. Der Adventskranz stand schon da, die samstägliche Putzaktion war bereits nach dem Mittagessen beendet und der Kuchen duftete. Auf dem Tisch lag ein extra schönes Tischtuch, und der Pfarrer, den er gut kannte, war auch da. Den kleinen König wunderte es nicht, dass alle zuerst zusammen ein Gebet sprachen, sangen und dann miteinander etwas aßen. Die Großen nannten das ›Gottesdienst feiern‹. Zum Schluss wurde das Haus gesegnet. Dabei verteilte der Pfarrer in allen Räumen ein besonderes Wasser und alle beteten für das Haus und seine Bewohner. Dann genossen sie gemeinsam den Kaffee und Kuchen.

Der kleine König und seine kleine Prinzessin

Die Adventszeit begann, und der kleine König merkte, dass es seiner Mutter irgendwie schlecht ging. Sie trug ihn auf einmal nicht mehr so viel herum, stattdessen machten sie es sich auf dem großen Sofa gemütlich und spielten miteinander. Am liebsten blätterte der kleine König dabei selbst seine Bilderbücher um oder lauschte der wunderschönen Musik auf seinen CDs. Zu allem, wozu ihn die Mama sonst überreden wollte, hatte er keine Lust. Er empfand das Murmeln Aufheben und in einen Becher Fallenlassen oder andere Übungen aus der Krankengymnastik als sehr anstrengend. Natürlich versuchte er es immer wieder, doch durch seine Spastik konnte er nicht gezielt greifen. Wenn er versuchte, sich auf den Ellenbogen abzustützen, war das für ihn Schwerstarbeit.

Soweit es ihr möglich war, nahm die Mutter an seinen Ergotherapiestunden im Kindi teil, mit dem Vater besuchte er nach wie vor die Logopädin in Heiligenberg. Diese Termine liebte er. Sicher gab es Tage, an denen er wenig Lust verspürte, mit den Therapeuten zusammen-zuarbeiten, das zeigte er dann auf seine Weise. Wenn er Glück hatte, reagierten sie auf seine Wünsche. Wenn nichts anderes half, biss er sich auf seine Finger, was ihm zwar weh tat, aber es verschaffte ihm Ruhe.

Im September stand ein Besuch beim Augenarzt in Überlingen an. Die Ärztin und die nette Frau, die seine Schielwinkel bestimmte, hatten das Tragen einer Brille für ihn lange hinausgeschoben, doch diesmal kam er nicht drum herum. Vielleicht war er bei der Sehschärfenver-teilung zu langsam gewesen – es war jedoch wahrschein-licher, dass er die Sehschärfe seiner Mutter geerbt hatte. Mit dem Rezept besuchte der kleine König und seine Eltern den Optiker, eine Woche später bekam er dann seine Brille. Sie war sehr schick und stand ihm gut – alle, die ihn sahen, nannten ihn plötzlich ›Kleiner Professor‹. Das gefiel ihm gar nicht, er war und blieb ein kleiner König.

In den folgenden Tagen fanden seine Eltern die Brille in seinem Gesicht überall dort, wo sie nicht hingehörte. Einmal saß sie unter der Nase, ein anderes Mal hing sie nur mit einem Brillenbügel an einem Ohr. Wie der kleine König das schaffte, verriet er nicht. Außerdem gelang es ihm, auf dem Plastiknasenbügel so lange her-umzubeißen, bis er kaputt war. So wurde er beim Optiker zum Großabnehmer von Nasenbügeln. Vielleicht hoffte er insgeheim, die Brille so loszuwerden.

Dann ging es mit großen Schritten auf Weihnachten zu. Das neue Haus wurde festlich geschmückt. An die kahlen Fenster hängte die Mutter schöne Holzsterne, Maria und Josef machten sich wie jedes Jahr auf den Weg durch das Haus und ein Christbaum wurde gekauft - der Platz dafür reichte endlich wieder.

In diesem Winter begannen die Weihnachtsferien im Kindi früher als geplant. Der Grund hierfür waren kleine Krabbeltiere, die sich kurz vor Weihnachten auf verschiedenen Köpfen niedergelassen hatten. Obwohl die Haare des kleinen Königs verschont geblieben waren, juckte es seine Eltern und ihn am ganzen Körper. Am nächsten Tag fragten sich die Eltern, ob das, was sie da in seinen blonden Haaren sahen, diese kleinen Krabbeltiere oder doch nur die Tomatensoße war, die es zum Mittagessen gegeben hatte. Kurz entschlossen wurde im Königshaus eine Großputzaktion gestartet. Die Mutter zog alle Betten ab, wusch sämtliche Wäsche und putzte gründlich das ganze Haus. Der kleine König wurde gründlich gebadet und seine Haare mit einem Shampoo, das alles andere als gut roch, gewaschen. Welche Maßnahmen man doch ergreift, nur, um sich wieder wohlzufühlen!

Als die Vorbereitungen für Heiligabend begannen, erreichte die Königsfamilie die Nachricht, dass bei den anderen Königfamilien die Windpocken ausgebrochen waren. Für den kleinen König war dies kein Problem, denn er wäre dann gegen diese Kinderkrankheit anschließend immun gewesen. Doch vielleicht drohte da Gefahr für seine Mama. Ehe sie zusagen konnten, Heiligabend wie immer in Ostrach zu feiern, musste sie sich Blut abnehmen lassen. Dadurch offenbarte sich ihr gut gehütetes Geheimnis: Ein Geschwisterchen hatte sich angekündigt. Das kleine Wesen brauchte noch viel Zeit zum Reifen und Gedeihen. Gemeinsam mit der Königsfamilie hofften alle Verwandten und Bekannten, dass alles gut gehen möge.

An Heiligabend wurde der kleine König mit einem besonderen Geschenk überrascht. Seine Gotti hatte für ihn eine eigene Garderobe aus Holz gebastelt, die von vielen bewundert und bestaunt wurde.

Am nächsten Tag machte sich die Königsfamilie wie jedes Jahr auf den Weg in Richtung Weinheim. Diesmal reisten sie jedoch ganz ohne Gepäck, da sie am selben Tag wieder nach Hause zurückfahren wollten. Die Oma des kleinen Königs hatte zum Mittagessen eingeladen. Zeitig genug kamen sie in der Wirtschaft an. Nachdem der kleine König versorgt war, speisten seine Eltern zusammen mit den anderen Verwandten. Leider fehlte Onkel Theo, der sich bei einer Hilfsaktion mit einer Flasche am Kopf verletzt hatte. Dem kleinen König war dies ein Rätsel. Sein Onkel war Arzt, und nach seiner Meinung hätte er sich doch selbst helfen können. Er übersetzte ja immer die unverständlichen Klinikberichte für seine Eltern. Reich beschenkt fuhr der kleine König am Abend nach Hause zurück. Neben den Geschenken hatte er viel erlebt und Menschen getroffen, die er bisher nur aus Erzählungen kannte.

Es war nach wie vor Winter, noch immer lag Schnee und niemand konnte sagen, wann der Gipser endlich anfangen konnte. Dem kleinen König gefiel das. Seine Mutter war zu Hause und brauchte keine Fenster zu putzen, weil das Gerüst dastand. Er freute sich, dass die Mama meistens dann, wenn der Kindi Ferien hatte, auch daheim war.

Kurz vor Ende der Weihnachtsferien brütete der kleine König etwas aus. Seine Eltern hatten keine Ahnung, was ihm fehlte. Waren es doch die lästigen Krabbeltiere von vor Weihnachten, oder wollte er einfach seine Ferien verlängern? Nach kurzer Zeit stand fest: Er hatte sich die Windpocken eingefangen. Mit dem Papa ging es zum Kinderarzt, und was anfangs harmlos aussah, wurde immer schlimmer. Wie ein Streuselkuchen sah er aus, und alles juckte. Tapfer kämpfte der kleine König gegen die Windpocken an. Er freute sich, dass er zu Hause bleiben durfte – nur eine Nacht lang war das Jucken fast unerträglich. Nachdem die Ansteckungsgefahr vorbei war, fuhr er wieder in den Kindi. Dort hatten ihn die Kinder schon vermisst und er merkte, wie schön es war, dort zu sein.

An jedem Tag gab es das vertraute Abendritual, in das alle, die der Königsfamilie wichtig waren, hineingenommen wurden. Dazu kam nun der Gutenachtkuss für das

Geschwisterchen auf Mamas Bauch. Die Ärztin hatte seiner Mutter schon ein Bild des kleinen Geschwisterchens geschenkt, aber darauf erkannte der kleine König nichts.

Eines Morgens, der kleine König richtete sich gerade für den Kindi, merkte er, dass seine Eltern sehr unruhig waren. Die Mutter hatte einen speziellen Babyfernsehtermin in einer Klinik. Dabei sollte nachgeschaut werden, ob das Herz des kleinen Babys ok war. Bei ihm selbst hatten sie so viel durchgemacht, und so wollten sie nun im Vorfeld alles abklären. Natürlich freute sich der kleine König, als er am Nachmittag erfuhr, dass alles in bester Ordnung war.

Kaum zehn Tage später kam die nächste Zitterpartie. Die Mutter des kleinen Königs war dienstlich unterwegs, als ein anderes Auto auf ihren kleinen Flitzer auffuhr. Voller Sorge um ihr Kind fuhr sie ins Krankenhaus. Wie sie nach dem Unfall allein nach Pfullendorf in die Klinik fahren konnte, war dem kleinen König ein Rätsel, sicher hatten doch ihre Knie gezittert. Mit der Mutter und dem Baby sei alles in Ordnung, sagten die Ärzte – dennoch stand am nächsten Morgen ein Kontrollbesuch an. Die ganze Königsfamilie schlief in dieser Nacht kaum. Allein das Baby schien seine Freude an all dem zu haben, denn es turnte die ganze Nacht putzmunter im Bauch der Mutter herum.

Vom Frühling war nach wie vor nichts zu sehen. Die Winterjacken waren noch in Gebrauch, und das Gerüst stand ungenutzt da. Der Kindi feierte Fastnacht. Der kleine König ließ sich als Clown verkleiden, anmalen und fotografieren, um seine Eltern im Mai am Mutter- und Vatertag mit dem Bild zu überraschen.

In den Faschingsferien besuchte er mit seinem Baby-sitter einen Kinderball, bei dem es einen Luftballon-wettbewerb gab. Ob er wohl etwas gewinnen würde? Leider musste er sich sehr gedulden, da die Auflösung des Wettbewerbs erst im Sommer beim Burgfest statt-fand. Mit diesem Ball fanden die närrischen Tage ihren Abschluss.

Der kleine König hatte immer noch Ferien. Seine Mut-ter war mit der Vorbereitung für den runden Geburtstag seines Onkels Tom in Weinheim beschäftigt. Sie backte Kuchen und entwickelte Ideen, um den Onkel mit einem originellen Geschenk zu überraschen. Da es ihr inzwi-schen besser ging, wollte sie noch mal gründlich putzen, bevor der Babybauch im Weg war. Damit hatte sie sich aber doch zu viel zugemutet. Schweren Herzens sagte die Königsfamilie ihre Fahrt zur Geburtstagsfeier ab. Nachdem es an diesem Tag jedoch stark schneite, dass sie froh waren, zu Hause geblieben zu sein.

Diese Mengen Schnee hatte der kleine König noch nie gesehen. Es schneite nicht nur den ganzen Tag, nein, die Nacht über schüttelte Frau Holle ihre Betten aus. Es war so schlimm, dass die Garagentür zugeschneit war.

Wäre der kleine König hinausgegangen, hätte man ihn fast nicht mehr sehen können. Sein Vater hatte seine liebe Not. Er schaufelte und schob Schnee, ohne sichtbaren Erfolg. Irgendwann gönnte er sich eine Pause. Als er wieder zur Schneeschaufel greifen wollte, glaubte er nicht richtig zu sehen: Eine große Fläche war von einem Nachbarn, der einen Frontlader ausgeliehen hatte, freigeräumt. Erst am nächsten Tag gelang es dem Vater, die anderen Wege frei zu räumen.

Langsam gewann die Sonne an Kraft und der Schnee schmolz dahin. In der Zwischenzeit war ein weiteres Hilfsmittel für den kleinen König angekommen, ein richtiges Gefährt mit verschiedenen Polstern. Damit übte er im Kindi und in den Ferien zu Hause neben der Bauchlage auch die Seitenlage und entwickelte dadurch ein besseres Gespür für seine rechte und linke Seite. Mit den Händen spielte er dabei mit allem, an was er herankam. Besonders viel Spaß hatte er, wenn Kinder ihn besuchten und ihn in seinem neuen Gefährt durch den Raum zogen.

Ostern rückte näher und somit auch der Geburtstag des kleinen Königs. Nachdem sein Festtag dieses Jahr auf Karsamstag fiel, war nur eine kleine Runde zum Geburtstagskaffee geplant, da Ostersonntag ein Familientreffen stattfand. Doch so klein war noch kein Geburtstag ausgefallen: Nur Papa, Mama mit dem Babybauch und der Opa teilten mit ihm die Geburtstagstorte, da alle anderen krank waren.

Am nächsten Tag erlebte der kleine König dann eine große Überraschung: Der Osterhase und das Geburtstagsgeschenk kamen gleichzeitig bei ihm an. Besonders freute er sich über seine Lieblings-CD, die er schon aus dem Kindi kannte. Er entdeckte auch gleich das Lied, das die Ergotherapeutin mit ihm erarbeitet hatte.

Endlich war das Wetter so stabil, dass der Gipser mit seiner Arbeit beginnen konnte. Wie ausgemacht brachte er sein ganzes Werkzeug und Material mit und dann ging es los. So schnell konnte man gar nicht gucken, wie das Haus sich veränderte. Die vertraut gewordenen Mauersteine verschwanden unter einem grauen Etwas. Dem kleinen König gefiel das gar nicht so gut. Es stellte sich jedoch heraus, dass das Grau nur der Anfang war und in kurzer Zeit eine helle Farbe aufgetragen werden sollte. Aber erst mal hieß es warten, bis alles trocken war.

Einige Tage später fuhr der kleine König an einem Freitag mit seinen Eltern nach Tübingen. Dort hatte er einen Termin im Sozialpädiatrischen Zentrum (SPZ) der Klinik. Die Fachleute wollten herausfinden, weshalb er sich nach wie vor stark verzögert entwickelte. Der kleine König überlegte, womit er die Ärzte überraschen könnte, aber er beschloss dann doch, die Untersuchungen einfach auf sich zukommen zu lassen. Eine junge Ärztin ließ sich zunächst seine ganze Lebensgeschichte nochmals genau erzählen. Danach informierte sich ein

älterer Mann über ihn und teilte kurz darauf seinen Eltern mit, was ihr Kleiner konnte und was nicht. Sie staunten, denn es traf alles zu: Ja, es war so, er konnte nicht frei
sitzen und von daher auch nicht stehen oder laufen. Er
konnte nicht sprechen, nicht eigenständig essen und war
in allen Bereichen auf Hilfe angewiesen. Er liebte Musik
und das Hören von Geschichten, er verfolgte mit seinen
Augen Gegenstände, die vor ihm bewegt wurden und
freute sich, wenn er seinen Körper spüren und Erfahrungen sammeln konnte. Erst hinterher erfuhr der kleine
König, dass dies ein richtiger Professor war, obwohl er
keine Brille auf der Nase hatte.

Nach dieser Besprechung wurde ausgemacht, dass der
kleine König noch mal für ein paar Tage das Krankenhaus besuchen sollte. Nur wann? Er wollte ja mit seinem
Papa zu Hause sein, wenn das Baby kam, aber auch nicht
gleich verschwinden, wenn es zu Hause war. So planten
sie den Krankenhausaufenthalt in den Pfingstferien, so
dass er rechtzeitig zur Geburt wieder zu Hause war.

Am Tag vor seinem Klinikaufenthalt machten die Eltern mit dem warm eingepackten kleinen König einen
Spaziergang an der frischen Luft, damit er gut erholt die
Reise nach Tübingen antreten konnte. Am nächsten Tag
standen sie kurz nach Mitternacht auf, um für die Fahrt
und das Zurechtfinden in der Klinik genügend Zeit zu
haben. Den Weg kannten sie schon und so kamen sie
rechtzeitig um 9 Uhr an.

Der kleine König und sein Vater zogen in ein Einzelzimmer ein. Dann begann das normale Klinikprogramm: Größe, Puls und Blutdruck messen, wiegen und was sonst dazu gehört. Der kleine König wunderte sich. Eigentlich fehlte ihm ja nichts, er sollte doch nur untersucht werden. Manches war ihm schon vertraut. Das EEG, bei dem er mit der Haube fast wie ein Außerirdischer aussah, verlief erfolgreich. Eine nette Frau fragte die Eltern, ob ihr Kleiner genügend Kalorien am Tag zu sich nahm. Die Frage fand der kleine König seltsam, er bekam doch genug zu essen. Sie erhielten einige Tipps, wie er an Gewicht gewinnen könnte.

Da es für die Mama in der Klinik keinen Platz gab, fuhr sie am Abend nach Hause zurück. Der Abschied fiel dem kleinen König schwer und er weinte bitterlich. Auch für die Mutter war es ungewohnt, ihre Männer in Tübingen zu lassen und nachts allein zu sein. Doch da mussten sie durch.

Am nächsten Tag war eine Untersuchung angesetzt, die der kleine König noch nicht kannte. Bevor es losging, erhielt er ein Schlafmittel, damit er sich, während er in einer Röhre lag, nicht bewegte. Aus unerklärlichen Gründen funktionierte es jedoch nicht. Als er in das Behandlungszimmer geschoben wurde, war er putzmunter und die Untersuchung fiel aus. Vielleicht war er einfach zu neugierig und wollte nichts verpassen. Die Ärzte freute das gar nicht, da ein neuer Termin aufgrund eines Ärztestreiks schwer zu finden war.

Während Vater und Sohn diesen Tag genossen und die Terrasse erkundeten, die zur Station gehörte, besuchte die Mutter ihre Ärztin. Ihr Bauch war inzwischen so groß, dass sie nur mit Mühe und Not hinter das Lenkrad passte. Da sich für die folgenden Tage eine ihrer Kolleginnen mit Familie als Besuch angemeldet hatte, bereitete sie hierfür anschließend zu Hause alles vor. Sie freute sich, die Woche nicht allein zu sein und mit ihren Freunden Ausflüge zu machen. Am Freitag, wenn der kleine König wieder nach Hause kam, waren gemeinsame Unternehmungen geplant.

Die Zeit in der Klinik verflog schnell. Ein zweites Mal war bei dem kleinen König ein EEG geplant, diesmal während er schlief. Ob das gut gehen würde? Gegen alle Erwartungen schlief er problemlos ein und der Computer zeichnete viele Berge und Täler auf. Dann war nochmals die Untersuchung in der Röhre angesetzt. Die Ärzte trauten dem kleinen König nicht, und so bekam er für dieses Unterfangen eine leichte Narkose. Nachdem er aus dem Reich der Träume zurückgekehrt war, etwas getrunken und gegessen hatte, wurde er entlassen und fuhr mit Papa und Mama wieder nach Hause.

Die Rückfahrt verlief ungewöhnlich entspannt. Die Straße, auf der sich freitags sonst lange Autoschlangen aneinanderreihten, war fast leer und sie kamen schnell voran. Viele Fahrzeuge, die sie sahen, trugen schwarz-rot-goldene Flaggen, und über das Radio hörte die Königsfamilie, wie das erste WM-Spiel angepfiffen wurde. Das war toll. So flott war die Mutter an den letzten Tagen nie nach Hause gekommen. Sie freuten sich auf das gemeinsame Abendessen mit den Freunden, die an diesem Tag einen Ausflug zum Bodensee unternommen hatten. Da die Woche in der Klinik für sie anstrengend gewesen war, blieb die Königsfamilie mit ihrem Besuch am Wochenende zu Hause und genoss die ersten Erdbeeren aus dem Garten.

Einige Tage später bekamen sie Post aus der Klinik. Der Bericht zeigte, dass alle Probleme, die der kleine König hatte, nicht von seinem operierten Herzfehler kamen. Der schwere Sauerstoffmangel bei seiner Geburt hatte sein Gehirn so geschädigt, dass er als mehrfach schwerbehindert bezeichnet wurde. Das Schreiben attestierte, dass er nur wenige Fortschritte machen würde und enthielt eine Liste von Diagnosen wie Cerebralparese und die Beschreibung seines Zustands nach der Herz-OP.

Nach seinem Aufenthalt in Tübingen hatte die Königsfamilie Anträge auf Hilfsmittel gestellt und damit begann das Warten. Dem kleinen König erschien es wie eine halbe Ewigkeit, bis die Genehmigung von der Krankenkasse kam. Über den Kindergarten hatten die Eltern Kontakt zu einem netten Vertreter einer Firma geknüpft, die diese Hilfsmittel besorgte und sie für jedes Kind entsprechend anpasste. Der kleine König bekam Orthesen, das sind Schienen, die wie Schuhe aussehen und den Füßen Halt geben. Außerdem war ihm ein

Stehbrett verschrieben worden, in das er mit Halterungen befestigt werden konnte, und das ihm beim Stehen half. Er hatte schon einige Male probiert, wie sich ein Leben in der Senkrechten anfühlt, aber ohne fremde Hilfe gelang ihm das nicht.

Die Weinheimer Oma hatte zum achtzigsten Geburtstag eingeladen. Dieses Alter konnte sich der kleine König nicht so recht vorstellen. Nachdem sie sich vergewissert hatten, dass es dem Baby gut ging und es nicht in den nächsten zwei Tagen kommen würde, machte sich die Königsfamilie auf den Weg. Der Gipser hatte angekündigt, in den folgenden Tagen das Haus zu streichen, und so freute sich die Familie auf die Rückkehr. Es war ein schöner, warmer Tag, die Sonne strahlte ebenso wie die Oma und die Königsfamilie freute sich, die ganze Verwandtschaft wiederzusehen. Der kleine König beobachtete die Gäste, hatte seine Freude am Spiel der Kinder und lauschte den Geschichten der Erwachsenen. Als sie am Tag darauf heimkehrten, erstrahlte ihr Haus in einem herrlichen Gelb.

Die Fassadenarbeiten waren fast geschafft. Es gab nur noch ein paar Kleinigkeiten zu erledigen, dann sollte das Gerüst nach mehr als sechs Monaten verschwinden. Nachdem es abgebaut war, kam eine Putzfee, die die große Fensterputzaktion übernahm. Die Mutter war froh über die Entlastung und nutzte die Zeit, um mit dem kleinen König zu spielen. Die WM verfolgte der kleine König nicht am Fernsehapparat, bei schönem Wetter beobachtete er beim Abendessen von der Terrasse aus das Training der Nachwuchsspieler auf dem Sportplatz im Ort. Außerdem bestaunte der die Beflaggung der Autos mit der Deutschlandfahne, die hupend durch den Ort fuhren.

Der Babybauch der Mutter wurde immer runder und dicker. Mit dem Muster eines Fußballs auf dem T-Shirt oder der Hose hätte sicher jeder geglaubt, sie hätte einen verschluckt. Die Eltern erzählten dem kleinen König, dass Mamas Bauch im Krankenhaus verschwinden und dann das sehnlich erwartete Baby im Bettchen liegen würde. Außerdem fragten sie den kleinen König, wie sein Bruder oder seine Schwester heißen solle. Für einen Jungen gab es keine wirkliche Auswahl und er gab kein Zeichen, ob ihm einer der wenigen Namen passte. Doch bei den Mädchennamen zeigte er sehr deutlich, welchen er wählen würde.

Irgendwann war es so weit. Die Reisetasche der Mutter war gepackt und sie fuhren gemeinsam ins Krankenhaus. Der kleine König hoffte, das Geschwisterchen gleich mit nach Hause nehmen zu können, aber er wurde enttäuscht. Er begleitete die Mama ins Zimmer, doch mussten sie sich voneinander verabschieden. Das Baby ließ sich offensichtlich Zeit und wollte erst am nächsten Tag kommen. ›Es muss wohl ein Mädchen sein, Jungs sind eben praktischer‹, dachte der kleine König.

Er fuhr mit dem Vater nach Hause und schlief tief und fest. Am Morgen brachte ihn die Oma zum Kindibus, denn der Papa hatte es auf einmal sehr eilig. Als er nachmittags nach Hause kam, erzählte sein Papa ihm, eine kleine Prinzessin sei angekommen. Nach dem Abendessen würden sie die Mama und die kleine Schwester besuchen. Die Zeit bis zum Abend kam ihm unendlich lang vor. Er war sehr gespannt und aufgeregt.

Als er endlich mit seinem Papa im Krankenhaus ankam, konnte er nur staunen. Dieses kleine Baby, das jetzt da lag, hatte sich die ganze Zeit in Mamas Kugelbauch versteckt. Er schaute seine Schwester neugierig an. Kein Wunder, dass an diesem Abend die Deutschen aus der WM ausschieden, die WM-Kugel war ja nicht mehr da.

An den folgenden Tagen näherte sich der kleine König vorsichtig seiner Schwester. Er versuchte sie zu streicheln, was ihm mehr oder weniger gelang. Jedes Mal, wenn ihr Name genannt wurde, strahlt er. Leider ließ sich nichts mit ihr anfangen, denn die Kleine schlief und schlief. Zwischendurch wurde sie gestillt und mit einer frischen Windel versorgt. ›Wie wird das wohl, wenn sie nach Hause kommt?‹, fragte sich der kleine König.

Vier Tage später war es so weit. Als der kleine König vom Kindi heimkam, war die kleine Prinzessin da. Sie hatte jedoch schon so viel Neues erlebt, dass sie verarbeiten musste. Autofahren, der Duft der neuen Räume, so viele unbekannte Geräusche. Völlig erschöpft weinte sie immer wieder und brauchte die Mama, die deshalb keine Zeit für den kleinen König hatte. Was blieb ihm da anderes übrig? Aus Mitgefühl stimmte er in das Weinen mit ein. Aber seine Eltern erklärten ihm, mit dem Weinen zeige die kleine Prinzessin, dass sie Hunger oder Bauchweh habe oder eine neue Windel brauche. Sie könne sich nicht anders verständlich machen und er brauche nicht mitweinen. Also hörte der kleine König damit auf und lachte stattdessen. Er schlief auch weiter, wenn sie nachts etwas brauchte.

Mit dem Einzug der kleinen Prinzessin begann eine abenteuerliche Zeit. Da sie dauernd schlief, bekam sie den Zusatznamen Schlafmütze. Nachdem sie oft die Windeln bis zum Rande voll hatte und diese manchmal überliefen, sagten die Eltern liebevoll zu ihr: ›Du kleines Scheißerle.‹ In den folgenden Wochen kamen viele Verwandte, um sie zu begrüßen. So war immer etwas los. Dabei hatte der kleine König oft den Eindruck, dass Weihnachten und Ostern zugleich stattfanden. Jeder Besuch, der seine kleine Schwester besichtigen wollte, brachte Geschenke für sie mit und meistens auch für ihn. Er fand das toll und seltsam zugleich: Weihnachten im Sommer. Er stellte aber fest, dass dies offensichtlich dazu gehörte. Alle freuten sich über die Ankunft der kleinen Prinzessin und zeigten das mit Geschenken. Anfangs zählte er noch die Glückwunschkarten an der Wand, doch bald wurde es ihm zu viel.

Die Sommerferien begannen, doch diesmal war alles anders als gewohnt. Der Vater erntete die Früchte, die im Garten wuchsen und die Mutter verarbeitete diese zu Marmelade. Die kleine Prinzessin entwickelte sich gut. Als die große Sommerhitze endlich eine Pause einlegte, machte sich die Königsfamilie auf den Weg nach Weinheim zur Oma, damit sie die neue Enkelin kennen lernte. Um möglichst stau- und stressfrei anzukommen, entschieden sich die Eltern für eine Nachtfahrt. Nach dem Abendessen schlossen sie alle Fenster, stiegen in das zuvor gepackte Auto und fuhren in die Nacht hinein. Der kleine König beobachtete die Scheinwerfer der anderen Fahrzeuge und war für den Papa ein guter Beifahrer. Die kleine Prinzessin verschlief die ganze Fahrt und hob sich ihren Hunger bis zur Ankunft um Mitternacht in Worms auf. Dort wurde sie dann recht lebendig. Sie dachte scheinbar, es sei Tag, denn am nächsten Morgen erschien die Mutter recht übernächtigt mit der Kleinen am Frühstückstisch.

In Worms teilte sich die Königsfamilie in ein Männer- und ein Frauenteam auf, was auch nach dieser Reise oft taten. Die Männer schliefen im Vorzimmer der Frauen, bei den Autofahrten saßen sie vorne und das Frauenteam hinten. Die Oma und alle, die die Königsfamilie trafen, freuten sich über die kleine Prinzessin. Der kleine König merkte deutlich, dass nun nicht mehr er den Tagesablauf bestimmte. So plante die Königsfamilie beispielsweise am Tag der Heimfahrt gleich nach dem

Frühstück loszufahren, aber die Jüngste entschied, erst noch eine weitere Mahlzeit einzunehmen. Mit großer zeitlicher Verzögerung erreichten sie ihren Zwischenstopp und fuhren bei herrlichem Wetter und schöner Aussicht in den Abend hinein nach Hause. Selbstverständlich wollte die kleine Prinzessin auf der Fahrt testen, wie es ist, im Auto gestillt zu werden, daher suchte das Männerteam ein angenehmes Plätzchen für eine Pause. Daheim angekommen freuten sich die Eltern, dass ihre Tochter so gut mitgespielt hatte.

Die weiteren Ferientage nutzte die Königsfamilie, um Freunde zu besuchen. Manchmal fuhren sie mit dem Auto, doch viel lieber liefen sie zu Fuß zu Bekannten in der näheren Umgebung. Oft sah man sie mit den Kinderwagen auf den Feld- und Waldwegen um ihren Ort herumspazieren. Der kleine König stellte fest, dass seine Reha-Karre durchaus geländegängig und sehr bequem war.

Die Ferien näherten sich allmählich ihrem Ende. Die Königsfamilie suchte einen Termin, an dem die kleine Prinzessin in der Kirche gebadet werden sollte, oder nannte man das Taufe? Der kleine König verstand jedenfalls, dass ein großes Fest geplant wurde. Dieses sollte in der Kirche beginnen und anschließend im königlichen Festsaal fortgesetzt werden. Einladungen wurden verschickt, Kuchen gebacken und alle Räume geputzt. Die Taufkerze, die Edda angefertigt hatte, lag schon bereit.

Erst am Abend vor dem Fest zeigte sich jedoch, ob das Haus wirklich groß genug für die vielen Leute war. Der kleine König bekam von den ganzen Überlegungen und Umräumaktionen der Eltern aber nichts mit. Wenn es an diesem Tag geregnet hätte, wäre es im Wohn- und Esszimmer sicher laut und eng geworden. Doch sie hatten Glück: Am Festtag herrschte königliches Wetter, die Sonne schien und die Vögel zwitscherten. Nach dem Mittagessen verteilte sich die ganze Taufgesellschaft im Haus und im Garten und erlebte ein wunderschönes, unvergessliches Fest.

Nach den Sommerferien zog es den kleinen König wieder in den Kindi. Ohne Tränen, ohne Wimpernzucken fuhr er im Bus mit, da er wusste, was ihn erwartete. Außerdem hatte er die Kinder, die Erzieherinnen und Therapeuten schon vermisst.

In der folgenden Zeit beobachtete er, wie die kleine Prinzessin, die Schlafmütze, immer lebendiger wurde. Sie fing an zu strampeln, griff nach Gegenständen, gab Laute von sich und manchmal ärgerte sie ihn auch.

Eines Morgens, die Eltern saßen noch beim Frühstück, während er mit der kleinen Prinzessin auf dem Boden lag, geschah es. Plötzlich flüsterten Mama und Papa miteinander, der kleine König konnte nicht verstehen, was sie sagten. Dann stand die Mutter auf und schlenderte an ihnen vorbei, ohne auf sie zu achten. Auf einmal lag die kleine Schwester verkehrt herum neben ihm auf dem Boden. Das war doch wirklich ein Ding! Was war passiert? Die Eltern hatten den Kindern beim Spielen zugeschaut. In dem Moment, als sie flüsterten, steckten die winzigen Finger der kleinen Prinzessin im Mund des kleinen Königs. Da sie fürchteten, mit dem Cool Pack und einem abgebissenen Finger nach Tübingen fahren zu müssen, hatte die Mutter die kleine Prinzessin blitzschnell umgedreht, um die Finger zu retten. Natürlich wollte der kleine König seine Schwester nicht beißen. Wenn es je passieren sollte, was er nicht hoffte, wäre er zutiefst bestürzt.

Er liebte seine kleine Prinzessin, obwohl er jetzt Papa und Mama mit ihr teilen musste. Wenn ihr Name im Kindi fiel, um ihn zum Essen zu ermutigen, oder wann immer er ihren Namen hörte, strahlte der kleine König. Er freute sich, wenn sie mit zur Ergotherapie in den Kindi kam und er allen zeigen konnte, welch süße und liebe Prinzessin er hatte. Aber er zeigte deutlich, dass es nicht immer schön war, eine Schwester zu haben, die den Ton angab. Manchmal wollte er sagen, wo es lang ging.

In der folgenden Zeit schaute er seiner Schwester interessiert zu und probierte aus, ob er das, was sie tat, auch konnte. Dabei stellte er fest, dass sie manches nicht konnte, weil sie noch zu klein dafür war. Neugierig fragte er sich, was er mit ihr gemeinsam lernen und wie sie weiterhin mit ihm umgehen würde.

Der kleine König wird Autobesitzer

Mit der Zeit hatte sich das Leben der vergrößerten Königsfamilie gut eingespielt. Ab und zu ging das Frauenteam allein auf Tour. Wenn sie über Nacht wegblieben, war zu Hause Männerparty angesagt. Natürlich fragten sich die Frauen, was dann dort passierte, aber Vater und Sohn verloren darüber keine einzige Silbe. Dem kleinen König fiel das nicht weiter schwer, er konnte ja nicht sprechen. Sein verschmitztes Lachen bedeutete da schon mehr.

Es wurde Winter und der kleine König erlebte die Adventszeit mit allen Sinnen, wie es ein Lied auf seiner CD beschrieb: ›In der Weihnachtsbäckerei ...‹ Die Mutter war zu Hause und er genoss mit Augen, Ohren und Nase die Geheimnisse des Backens. Schneller als ihm lieb war stand dann das Weihnachtsfest vor der Tür.

Nach den Feiertagen endete die gemütliche häusliche Zeit, denn seine Mama musste, durfte, sollte − oder wie man sonst dazu sagte − wieder arbeiten. Am ersten

Arbeitstag kehrte sie jedoch bereits nach vier Stunden ungeplant zurück und blieb erst einmal da. Sie hatte sich irgendwo mit einem Magen-Darm-Virus angesteckt und gab diesen unfreiwillig an den Vater weiter. In den nächsten Tagen bewegten sich die Eltern sich zwischen Sofa, Bett und dem stillen Örtchen hin und her. Derjenige, dem es gerade möglich war, kümmerte sich um die Kinder. Der kleine König verstand schnell, was jetzt Sache war. Er und die kleine Prinzessin taten ihr Bestes, um Papa und Mama nicht unnötig zu plagen. Zum Glück ging es ihnen von Tag zu Tag besser und die Kinder blieben von diesem Virus verschont.

Nachdem die Mama wieder gesund war, begann für die Königsfamilie der normale Alltag. Für den kleinen König war es eine große Umstellung, mit dem Papa und der kleinen Schwester allein zu sein, wenn er aus dem Kindi kam.

Es zeichnete sich ab, dass die kleine Prinzessin bald aus dem Babysafe herauswachsen würde. Daher fuhr die Königsfamilie an einem Samstag Mitte Januar in die Schwäbische Alb, um dort einen Autokindersitz für den kleinen König zu kaufen. Dem wurde sein Sitz allmählich ebenfalls zu klein und er trat ihn großzügig an seine Schwester ab. Darüber hinaus wollten sich die Eltern endlich nach einer neuen Esszimmergarnitur umsehen. Es war ein langer, doch erfolgreicher Vormittag. Als sie zurückfuhren, hatten sie den Kindersitz sowie Tisch und Stühle bestellt und es war nur eine Frage der Zeit, bis das königliche Esszimmer in neuem Glanz erstrahlen würde.

Endlich wurden das Stehbrett und die Orthesen geliefert. Damit die Physiotherapeutin ihn ohne Sorge in das Stehgerät stellen konnte, musste die Wirbelsäule des kleinen Königs geröntgt werden. Trotz der weiten Anfahrt entschied sich die Königsfamilie für die Klinik in Tübingen, da die dortigen Ärzte seine Krankheitsgeschichte bereits kannten.

An einem Tag im März fuhren sie früh am Morgen, also wieder einmal kurz nach Mitternacht, los. Die Wetterverhältnisse ermöglichten ihnen eine zügige Fahrt. Sie hofften auf einen kurzen Klinikbesuch, da sie anschließend den ältesten Cousin des kleinen Königs treffen wollten. Dieser war ein viertel Jahrhundert älter als er und studierte in Tübingen. Den riesigen Altersunterschied konnte sich der kleine König nicht vorstellen. Der Cousin musste jünger als Papa und Mama sein, aber halt doch schon alt.

Es kam wieder einmal anders als gedacht: Sie waren rechtzeitig in der Klinik, doch bis der kleine König endlich an der Reihe war, verging eine halbe Ewigkeit. Das Röntgen selbst war gleich erledigt, dann hieß es erneut warten, bis der Arzt das Bild angeschaut hatte und es zum Mitnehmen bereit war. Die Eltern stillten in den Pausen den Hunger der Königskinder. Die kleine Prinzessin aß den Inhalt des mitgenommenen Gläschens recht schnell auf, doch mit dem kleinen König schien irgendetwas nicht zu stimmen. Alles, was der Vater ihm versuchte einzuflößen, kam wieder zum Vorschein. Als die Königsfamilie endlich entlassen wurde und zum Cousin fahren wollte, hatte dieser keine Zeit mehr. Das Studium forderte sein Recht. Mit dem Wirbelsäulenfoto machten sie sich dann auf den Heimweg.

Bei einer Metzgerei kurz hinter Tübingen hielten sie an und die Eltern gönnten sich als verspätetes Mittagessen einen LKW. Nein, keinen richtigen LKW, im Schwäbischen ist das ein warmer LeberKäsWecken. Beim Essen beschlossen sie, den kleinen König am nächsten Tag nicht in den Kindi zu schicken, damit er sich erholen konnte.

Es war jedoch nicht die Anstrengung des vergangenen Tages. Schon auf der Fahrt verschlechterte sich der Zustand des kleinen Königs rasch. Zuhause angekommen wurde erst einmal Fieber gemessen. Da erschraken die Eltern: Er hatte über 40° C Fieber. Er fühlte sich zwar nicht heiß an, doch sie sahen deutlich, dass es ihm schlecht ging. Was sollten sie tun? Den Kinderarzt erreichten sie zu dieser späten Tageszeit nicht mehr. Aus Verzweiflung riefen sie ihre eigene Hausärztin an, die noch Sprechstunde hatte und oft hilfreich zur Seite stand. Telefonisch besprachen sie die nächsten Schritte.

Spät am Abend kam die Ärztin vorbei und untersuchte den kleinen König. Die Situation, die sich ihr zeigte, war ernst und sie beratschlagte mit den Eltern, ob er sofort oder erst am nächsten Morgen in die Kinderklinik gebracht werden sollte. Da der kleine König inzwischen eingeschlafen war, beschlossen sie, bis zum nächsten Morgen zu warten. Außer der kleinen Prinzessin schlief in dieser Nacht niemand.

Am nächsten Morgen ging alles sehr schnell. Nach einem kärglichen Frühstück brachten die Eltern die kleine Prinzessin zur Oma nach Ostrach und fuhren mit dem kleinen König nach Friedrichshafen. Dort untersuchten ihn die Ärzte, nahmen ihm Blut ab und legten eine Infusion an. All das war ihm schon so vertraut, dass er es ohne Murren mit sich geschehen ließ. Danach schlief der kleine König tief und fest, was ihm sehr gut tat. Der Vater blieb bei ihm, die Mutter fuhr nach Hause, um ihre Arbeit und die Betreuung der kleinen Prinzessin zu organisieren.

Der kleine König konnte nicht sagen, wie lange er geschlafen hatte. Nach einigen Untersuchungen erklärte der Arzt, dass er sich das Pfeiffersche Drüsenfieber eingefangen hatte, das ›Kusskrankheit‹ genannt wurde. Sicher, der kleine König schmuste gerne, aber doch nur mit Menschen, die er gut kannte, und von denen hatte keiner diese Krankheit. Der Arzt prognostizierte einen Krankenhausaufenthalt von zwei Wochen. Damit standen die Eltern vor einem Problem:

Wie sollten sie diese zwei Wochen organisieren? Bis zum Wochenende konnte sich die Mutter frei nehmen, aber wie ging es dann weiter? Wie sollte sie arbeiten und die kleine Prinzessin betreuen, während der Vater in der Klinik bei dem kleinen König blieb?

Da bekamen sie den Tipp, eine Dorfhelferin zu beantragen. Die Zusage kam prompt. Sie waren erleichtert, eine solche Unterstützung zu bekommen. Die Mutter sagte mögliche Termine ab oder verschob sie, die kleine Prinzessin durfte sie die restliche Woche zur Arbeit begleiten und ab dem folgenden Dienstag sollte die Dorfhelferin kommen.

Jeden Tag besuchte die Mutter ihre Männer in der Klinik und brachte Grüße von Freunden und Bekannten mit. Sie war erleichtert, dass es dem kleinen König schon sichtbar besser ging, obwohl er noch sehr blass war. Zum Glück gab es in der Klinik farbige Bettwäsche, man hätte ihn sonst zwischen Kopfkissen und Bettdecke gar nicht gesehen.

Die Dorfhelferin kam und die Mutter ging wieder in die Schule. Kurze Zeit später erhielt sie die freudige Nachricht, dass der kleine König bald entlassen werden sollte. Die Ärzte wussten, dass er sich daheim besser und schneller erholen würde. Auch das Inhalieren und Medizin Einnehmen waren dort kein Problem. Mit Sack und Pack zog der kleine König wieder nach Hause und bekam genügend Zeit, sich von diesem Virus zu erholen.

Kurz vor Ostern fuhren die Eltern zu dem Möbelgeschäft, wo sie im Januar ihre Esszimmermöbel bestellt hatten. Diesmal wollten sie ein Bett für den kleinen König kaufen. Dieses sollte groß genug sein, dass sie sich zu ihm legen konnten, wenn es ihm schlecht ging. Sein Gitterbett bekam die kleine Prinzessin, die in ihrem Babygitterbett schon solche Turnübungen machte, dass den Eltern angst und bange war. Sie befürchteten, dass die Kleine eines Tages über das Schutzgitter klettern würde.

Der kleine König bekam aber kein normales Bett, sondern eine richtige Bettlandschaft. Sie war fast so groß wie ein Ehebett. Die Lieferung ließ jedoch ein paar Wochen auf sich warten. Bis dahin schlief er auf einer Matratze. Eines Morgens suchten die Eltern ihn vergeblich auf seinem Matratzenlager. Auch unter der Bettdecke hatte er sich nicht versteckt. Schließlich fanden sie ihn unter dem Fensterbrett auf dem Boden. Wie er es geschafft hatte, dorthin zu kommen, blieb sein Geheimnis.

Die Osterferien begannen und der kleine König freute sich auf seinen Geburtstag. Das Wetter zeigte sich von seiner schönsten Seite. Die Sonne schien und die ersten Blüten sprossen an den Bäumen. Den Osterkaffee bei Tante Roswitha im Furthof tranken sie zwar im Haus, das Osterhasensuchen und alles andere fand jedoch im Garten statt. Der kleine König hatte fast das Gefühl, der Sommer sei diesmal direkt nach dem Winter ins Land gezogen. Die Sonne hatte schon eine solche Kraft, dass dem Schokoladenosterhasen seiner Schwester ganze Stücke wegschmolzen. An diesem Tag passierten merkwürdige Dinge: Die kleine Prinzessin trank angeblich nicht aus ihrer eigenen, sondern aus der Limoflasche ihrer Cousine, und der kleine König fand sein Ostergeschenk beinah nicht; es war trotz seiner Größe zu perfekt im Vogelhaus versteckt. Gelungen war es außerdem: Bettwäsche von der Maus. Nein, nicht von irgendeiner, sondern DER MAUS, die jeden Sonntag mit großartigen Geschichten im Fernsehen zu sehen war. Darin musste er ja gut schlafen können.

Seit sie ins neue Haus eingezogen waren, bekamen sie regelmäßig Besuch von Freunden oder Verwandten. Viele kamen tagsüber vorbei und fuhren am Abend wieder heim, andere buchten ein Zimmer mit Nasszelle. Die Königsfamilie überlegte, ob sie ihr Haus, in dessen Eingangsbereich schon das Schild ›Haltestelle König‹ stand, in ›Hotel Krone‹ umbenennen sollte. Doch beließen es dabei, es als Geheimtipp von Mund zu Mund weiter sagen zu lassen.

An seinem letzten Ferientag feierte der kleine König seinen Geburtstag. Der neue Esszimmertisch war zwar noch nicht da, aber den brauchten sie auch nicht. Da die Sonne schien und es angenehm warm war, stellten sie Gartenmöbel und Biertischgarnituren auf der Terrasse auf. Bei den Gästen, die ihr Kommen angesagt hatten, bestellten sie Sonnenschirme. Das wurde ein Fest! Trotz des Geburtstags des Opas am Tag zuvor, kamen alle

Tanten und Onkel, Cousinen und Cousins. Zur Krönung der Feier hatte eine Cousine ein Puppentheater eingeübt, das im kühlen Treppenhaus seine Uraufführung hatte. Das war eine Überraschung, die der kleine König seiner Cousine nie vergaß. Alle Kinder und Erwachsenen hatten große Freude daran. Am nächsten Tag feierte der kleine König im Kindi seinen Geburtstag gleich weiter.

Der Muttertag wurde in diesem Jahr völlig anders gefeiert. Alle Mütter der großen Königsfamilie, die Zeit hatten, trafen sich bei Tante Regina im Allgäu. Diese eröffnete an dem Tag mit ihrem Mann einen Grillplatz mit Biergarten, Grillhütte und Bewirtung. Wer nicht dabei sein konnte, hatte im Vorfeld schon einige Kuchen gebacken, die in einer familiären Großaktion dorthin transportiert wurden.

Die Mutter des kleinen Königs musste morgens noch arbeiten. Nach dem Mittagessen machte sich die Königsfamilie auf den Weg ins Allgäu. An diesem sommerlichen Sonntagnachmittag probierten sie die Speisekarte des Biergartens von oben nach unten durch. Jedes Gericht schmeckte köstlich, doch irgendwann waren sie so satt, dass nichts mehr reinpasste. Es gefiel ihnen dort so gut, dass sie erst tief in der Nacht nach Hause kamen.

Die Zeit verging wie im Flug. Eines Tages sah die kleine Prinzessin aus wie ein Streuselkuchen. Da der kleine König sich noch gut an seine eigenen Windpocken erinnerte, wusste er sofort, was sie hatte. Sie sah ja schon komisch aus. Als sie jedoch anfing, sich zu kratzen, hatte er Mitleid mit ihr. Sie sollte doch nicht mit Narben im Gesicht herumlaufen müssen. Nach einigen Tagen war der Zauber wieder vorbei und die Pusteln verheilten.

Immer wieder überraschte die kleine Prinzessin die ganze Königsfamilie mit ihrem Können: Sitzen und Stehen, Robben und Krabbeln. Robben und Krabbeln bevorzugte sie vor allem, wenn es galt, eine Fernbedienung oder ein schnurloses Telefon zu erreichen. Dann entwickelte sie eine erstaunliche Geschwindigkeit. Sie heckte einiges aus und der kleine König und sie waren ein Herz und eine Seele. Es kam aber auch vor, dass er beim gemeinsamen Spielen ihren Finger, ihr Bein oder ihren Arm zwischen seine Zähne bekam und zubiss. Die kleine Prinzessin schrie dann jedes Mal laut auf. Vor Schreck machte er seinen Mund gleich wieder auf. Außer einem blauen Fleck oder einigen Miniblutspuren, die schnell verschwanden, passierte glücklicherweise nichts.

Ende April starteten die Eltern eine Großaktion im Außenbereich. Mit großem Gerät wurde die Erde im königlichen Garten für das Einsäen des Rasens vorbereitet. Der kleine König verfolgte gespannt die Gartenarbeiten und schaute jeden Tag, ob sich schon erste Grashalme zeigten.

Die Vorbereitungen für die Gartengestaltung waren abgeschlossen und wieder einmal ereignete sich etwas

Rätselhaftes. Immer wenn er vom Kindi nach Hause kam, war Heike, die Frau von Papas bestem Freund, mit ihrem kleinen Sohn da. Die kleine Prinzessin war begeistert von dem Spielkameraden. Die Mama des kleinen Jungen, der so schön mit seiner Schwester spielte, war schwanger und es ging ihr gar nicht gut. Sie lag auf dem Sofa und war froh, dass sich jemand um ihr Kind kümmerte. Irgendwann fuhr sie Krankenhaus, weil es ihr so übel war. Der kleine König wunderte sich: Diese Mama hatte noch keinen Fußball verschluckt wie seine Mama damals, als seine kleine Schwester auf die Welt kam. Es war jedoch glücklicherweise falscher Alarm. Das Baby nahm sich doch noch Zeit zum Wachsen und wurde erst Anfang des nächsten Jahres geboren.

Ende Mai hatte der kleine König nochmals einen Termin bei der netten Ärztin und dem Professor ohne Brille in Tübingen. Diese verschrieben ihm ein Medikament, das er zukünftig einnehmen sollte. Was dieses bewirkte, war nicht leicht zu erklären. Der kleine König merkte nur, dass er, seit er es einnahm, Gegenstände besser greifen konnte und tagsüber fitter war. Er freute sich, dass er nicht unzählige Versuche benötigte, wenn er etwas haben wollte. Da er spürte, dass ihm die Medizin half, schlucket er sie, ohne zu murren, zumal eine nette Frau in seiner Stammapotheke jedes Mal die kleinen Kapseln speziell für ihn herstellte.

Da die Physiotherapeutin krank war, standen die Orthesen und das Stehgerät bisher ungenutzt im Kindi. Um sie in den Pfingstferien nutzen zu können, holte die Königsfamilie die Geräte nach Hause und ließ sich in den Gebrauch einweisen. Als seine Physiotherapeutin wieder gesund war, begann das intensive Training mit dem Stehgerät und den Orthesen.

Die kleine Prinzessin räumte schon seit einer ganzen Weile Regale aus und den Wohnzimmertisch ab. Sie zog sich hoch und jeder, der sie erlebte, meinte, sie würde an ihrem ersten Geburtstag den Gästen selbst entgegenlaufen, um sie in Empfang zu nehmen. Doch mit dem Laufen ließ sie sich noch Zeit. Ihrem Geburtstagskuchen mit der brennenden Kerze schenkte sie ebenso wenig Aufmerksamkeit wie dem Geschenk von Gotti und Getti. Sie tat, als ob sie das alles nichts anginge. Doch als alle Gäste gegangen waren, legte sie los. Sie setzte sich auf ihr Bobbycar und fuhr durch das Haus, als sei es das Selbstverständlichste der Welt. Der kleine König gab ihr insgeheim den Namen Lausbub. Mit ihren wenigen Haaren auf dem Kopf sah sie eher wie ein Junge aus, nur wenn sie ein Kleid oder ihre Bernsteinkette trug, konnte man das ›brave Mädchen‹ gut erkennen. Das hielt aber immer nur kurze Zeit an.

Im Juni sorgte der Kindi wieder für ein besonderes Erlebnis. Früh morgens nach dem Frühstück machte sich der kleine König mit den anderen Kindern auf die

Reise. Mit dem Bus fuhren sie zum Stuttgarter Zoo. Dort staunte er nicht schlecht: Da liefen all die Tiere, die er aus seinem Bilderbuch kannte, lebendig herum. Löwen, Affen, Zebras, selbst Krokodile und Elefanten gab es da. Begeistert schaute er zu, wie sie sich bewegten, fraßen oder im Schatten dösten. Auf der Heimfahrt versuchte er alle Eindrücke des Tages zu verarbeiten.

Für den Transport seines Rollstuhls und der anderen Hilfsmittel brauchte der kleine König mittlerweile einen ganzen Fuhrpark, und so kam er plötzlich zu einem eigenen Auto.

Vor einiger Zeit hatte der Vater mit der Oma aus Ostrach darüber gesprochen, dass die Königsfamilie ein neues Auto benötigte. Dieses sollte groß genug sein, um beide Kindern plus Gefährt zu transportieren. Dann ging alles sehr schnell. An einem Donnerstag brachte die Mutter aus Sigmaringen Prospekte von Autohäusern mit. Zwei Tage später machten sie am Samstagvormittag eine Probefahrt. Nachdem der Reha-Buggy des kleinen Königs und der Kinderwagen der kleinen Prinzessin verstaut waren, fuhr die Königsfamilie Richtung Donautal.

In der Woche darauf bestellten sie das Auto. Dabei erklärte ihnen der Verkäufer, dass sie einen Preisnachlass bekämen, wenn der Kaufvertrag auf den kleinen König laufen würde, der einen Behindertenausweis besaß. Diesen Ausweis mit verschiedenen Buchstaben und Zahlen, der den Grad seiner Behinderung attestierte, hatte er bisher nie genutzt. Selbstverständlich griffen sie zu, zumal das Auto gerade als Sondermodell zu haben war.

Keine drei Wochen später holte die Königsfamilie den Wagen ab. Da die Prozente auf den kleinen König gelaufen waren, musste das Gefährt auf seinen Namen angemeldet werden. Er ließ natürlich seine Eltern fahren, denn sonst hätte es ja ewig und drei Tage in der Garage gestanden. Es wunderte ihn aber schon ein wenig, dass ein kleiner Junge wie er, der noch nicht einmal zur Schule ging, ein Auto besitzen konnte.

Die Einweihungsfahrt mit dem neuen Auto und allen königlichen Gefährten führte die Königsfamilie an den Bodensee. Dort trafen sie sich mit Freunden. Trotz des regnerischen und stürmischen Wetters unternahmen sie eine Rundfahrt auf dem See. Sie hatten viel Spaß und genossen, dass weniger los war. Mit einem guten Flammkuchen und köstlichem Wein für die Erwachsenen klang der Tag aus.

Vor den Urlaubstagen hatte der kleine König einen Termin bei seinem Kinderarzt. Er war gespannt, ob der ihn nach der langen Zeit wiedererkennen würde. Doch seine Sorge war unbegründet: Natürlich erkannte der ihn sofort wieder und staunte, wie groß und schwer er inzwischen war. Darüber hinaus begutachtete der Arzt, was er seit ihrer letzten Begegnung gelernt hatte. Seine Eltern freuten sich über die Rückmeldung. Sie nahmen die Fortschritte nicht so deutlich wahr, da sie den kleinen König täglich erlebten. Bevor sie sich verabschiedeten, wurde er gemessen und erhielt die noch ausstehende Impfung.

In den Sommerferien startete die Königsfamilie ihre erste lange Tour mit dem neuen Auto nach Worms, um die Oma und die anderen Verwandten zu besuchen. Spät in der Nacht kamen sie an und parkten den Wagen im Hof. Dass dies keine so gute Idee war, stellten sie am nächsten Morgen fest. Tante Rita und Onkel Karl waren schon bei der Arbeit, gegen Abend wollten sie sich in Worms treffen. Die Königsfamilie frühstückte, packte sämtliche Wickelrucksäcke mit Verpflegung und Ersatzklamotten zusammen. Als der Vater vom Hof fuhr, die Mutter stand bereit, um das Tor zu schließen, kam die böse Überraschung. Sie hörten ein seltsames Geräusch, das wie ›Pffftttt‹ klang, und das Auto blieb stehen. Nach einer Stunde war klar, dass sie an diesem Tag weder zur Oma noch sonst wo hinfahren würden. Ein großes Loch im Reifen sorgte dafür, dass sie den Tag gemütlich im Garten in Worms verbrachten. Dadurch verzögerten sich zwar alle Pläne um einen Tag, aber die geplanten Besuche brachten sie dennoch unter.

Auf der Heimfahrt machten sie einen kurzen Zwischenstopp bei Freunden, bei denen sie königlich verpflegt wurden. Der Vater half ihnen mit seinen technischen Kenntnissen und zeigte, dass er sich ebenso mit

DSL auskannte. Als gelernter Elektrotechniker war das für ihn eine leichte Sache. Nach getaner Arbeit fuhren sie über die Höhen des Schwarzwaldes in Richtung Heimat.

Wie immer freuten sie sich heimzukommen. Der kleine König zeigte dies mit seinem herzhaften Lachen, sobald er das königliche Haus sah.

In den letzten Ferientagen unternahmen sie Ausflüge in den nahegelegenen Seepark in Pfullendorf. Dort drehten die Eltern ihre Runde mit den Kinderwagen, anschließend gönnten sie sich ein Eis auf der Seeterrasse, während sie den Wasserskiläufern bei ihren Erfolgen oder Bauchlandungen zuschauten. Außerdem kamen häufig Freunde für einen Tag zu Besuch.

Bei einem Spaziergang mit ihren Gästen um das Dorf herum erlebten sie etwas Besonderes: Die Kühe eines Bauern stellten sich doch wahrhaft in Reih und Glied auf, um die Spaziergänger zu betrachten. Ob sie dies taten, da sie einen Fotoapparat entdeckt hatten oder weil diese Menschen, die mit der Königsfamilie unterwegs waren, wie seltsame Stadtmenschen aussahen, bleibt ihr Geheimnis. Die Besucher hatten jedenfalls ihre Freude an dem Bild.

Dann stand wieder ein aufregender Tag bevor. Die Eltern besaßen einen Gutschein für eine Ballonfahrt, der aus der Zeit stammte, als der kleine König und seine Schwester noch kräftig Sterne geputzt hatten. So bezeichnete man in der Heimat der Mutter die Zeit, bevor die

Kinder geboren wurden. Er war schon mehr als fünf Jahre alt und sollte endlich eingelöst werden.

Ab Freitagabend bereiteten die Eltern ihre Kinder darauf vor, dass am Sonntag die Oma aus Ostrach mit Rainer und Sophia kommen würden, wenn Papa und Mama in die Lüfte stiegen. Am Sonntagmorgen sah das Wetter gar nicht so gut aus, doch bis zum Mittag entwickelte es sich königlich. So machten sich die Eltern auf den Weg nach Friedrichshafen, wo die Ballonfahrt starten sollte. Es wurde ein einmaliges Erlebnis.

Erst am nächsten Tag erfuhren der kleine König und die kleine Prinzessin, dass einer der beiden Ballons, die sie am Nachmittag am Himmel gesehen hatten, der war, mit dem Papa und Mama unterwegs waren. Die Eltern konnten das Winken ihrer Kinder auf die große Entfernung zwar nicht sehen, aber sie wussten, dass sie gut betreut waren. So genossen sie ihre Ballontaufe mit der Verleihung eines neuen Namens und die Erhebung in den Adelsstand mit großem Vergnügen.

Immer wieder einmal hatte der kleine König im Kindergarten plötzlich hohes Fieber, wenige Stunden später war es, als sei nichts gewesen. Waren das die Nachwehen der Kusskrankheit, oder brütete er etwas Neues aus?

Bei einem Arzttermin sollte er durchgecheckt werden und die Folgeimpfung erhalten. Bei dieser Gelegenheit verschwand auf geheimnisvolle Weise seine Brille. Ob die kleine Prinzessin sie versteckt hatte, sie im Kindergarten verloren ging, im Bus liegen blieb oder gar weggezaubert wurde, der kleine König konnte nicht sagen, wo er sie zuletzt gesehen hatte. Ein Besuch beim Augenarzt war unumgänglich. Er vermisste sie nicht wirklich, doch ihm war klar, dass seine Augen, die stets zum Schielen neigten, eine Brille brauchten. So ließ er sich untersuchen und eine neue Sehhilfe anfertigen.

Nach den Herbstferien fuhr der kleine König mit seiner Familie zu einem Kontrolltermin nach Tübingen, zu dem er von der Physiotherapeutin aus dem Kindi begleitet wurde. Es war ein langer Tag, doch dieses Mal traf er dort endlich seinen Cousin und lernte dabei auch seine Frau kennen.

Der kleine König und der kleine Hexenbesen

Die Adventszeit begann. Der Vater war mit den Proben für das Konzert seines Singkreises beschäftigt. Da die Mutter in ihrer Arbeit sehr eingespannt war und diesmal auf die Weihnachtsbäckerei verzichtete, wehten dem kleinen König die verlockenden Düfte nur im Kindi um die Nase. Er zeigte neuerdings auch einen besseren Appetit und ließ sich besser füttern wie bisher.

Die kleine Prinzessin rannte inzwischen schon durch das ganze Haus und kletterte überall in die Höhe. Nachdem sie mehrfach auf den Tisch des Kinderstuhls geklettert war und meinte, ›Tabledance‹ auf engem Raum sei der Kick, montierte der Vater den Tisch am Hochstuhl ab. Sämtliche Hilfsmittel des kleinen Königs wurden für sie zum Klettergerüst. Papa war für sie ein Wort, mit dem sie nicht nur den Vater anredete, sie meinte damit auch den kleinen König.

Ja, da hatte er sich schon einen ›Feger‹ als Schwester angelacht. Doch der kleine König liebte seine kleine Prinzessin und sie verzieh ihm die Beißaktionen, die er ja nicht mit Absicht machte. Manchmal nervte sie ihn auch, vor allem wenn sie direkt nach seinem Frühstück auf ihn kletterte und Hoppe, Hoppe Reiter spielen wollte. Sie war so ungestüm und voller Tatendrang, dass sie den Namen ›Hexenbesen‹ verliehen bekam.

Zur Erweiterung der Spielmöglichkeiten im heimischen Wohnzimmer schaffte sich die Königsfamilie eine Hängematte an, die nicht nur dem kleinen König gefiel. Alle Kinder, die zu Besuch kamen, hatten ihre Freude daran.

In den folgenden Wochen wurde das Königshaus adventlich dekoriert. Wie jedes Jahr schlug der Opa im Wald für die Königsfamilie den Christbaum, der im Wohnzimmer aufgestellt und geschmückt wurde. Die Krippe wurde dieses Jahr hochgestellt, weil der Hexenbesen alles herumschleifte. Sie wies der Lichterkette jeden Tag einen neuen Platz zu und die eine oder andere Weihnachtskugel ging schon zu Bruch, ehe sie am Christbaum hing.

Heiligabend waren sie wie gewohnt bei Opa und Oma in Ostrach. Am Weihnachtstag fuhren sie jedoch nicht wie sonst nach Weinheim, sondern ins Allgäu. Dort traf sich die ganze große Königsfamilie in der festlich geschmückten und gut geheizten Grillhütte von Tante Regina. Die Königskinder freuten sich, all ihre Tanten, Onkel, Cousinen und Cousins wiederzusehen. Das Christkind, oder waren es doch eher Gotti und Getti, brachte ihnen einen riesigen Schlitten.

Nach den Feiertagen machten sich die Königsfamilie auf den Weg in Richtung Norden. Eine Freundin der Mutter, die an der Strecke wohnte, lud sie zum Mittagessen ein. Anschließend fuhren sie weiter zu Tante Rita nach Worms. Am Abend sorgte der Vater dafür, dass das DSL von Tante Rita funktionierte. Für den kleinen König waren das böhmische Dörfer. Er sah nur einen komischen Kasten, der mit Kabeln in der Wand verbunden war.

Am nächsten Morgen standen sie kurz nach Mitternacht auf und fuhren zu Onkel Theo nach Thaleischweiler-Fröschen, der ebenfalls die Hilfe des Vaters brauchte. Im Vorfeld hatte dieser für ihn eine neue Telefonanlage bestellt. Diese sollte nun eingerichtet und alle Telefone entsprechend programmiert werden.

Dort angekommen begann der Vater mit den Installationsarbeiten und die Kinder erlebten mit der Mutter und Onkel Theo einen schönen Tag. Der hatte sich wirklich ins Zeug gelegt: Er hatte gekocht und während die Mama mit der kleinen Prinzessin eine Tour mit dem Kinderwagen unternahm, unterhielt er den kleinen König. Dieser lernte bei ihm viele neue Wörter. Am lustigsten fand er den Begriff Latwerge, was eigentlich eine Art Wagenschmiere ist. Hier war das jedoch die Bezeichnung für Zwetschgenmarmelade, die der übrigen Familie gut schmeckte. Nach diesem langen Tag war der kleine König froh, als er endlich in Worms in seinem Bett lag. Müde fiel er in einen tiefen Schlaf.

Direkt nach ihrer Rückkehr aus dem Norden fand die Silvesterfeier statt, zu der sich Gäste im Hotel Krone angemeldet hatten. Die Zeit reichte gerade zum Schlafen, Einkaufen und Vorbereiten. Zu den Besuchern zählten auch der beste Freund des Vaters und seine Frau Heike, die ja im Frühjahr mit ihrem Sohn Dauergast im Königshaus war. Dieses Mal sah man deutlich, dass sie eine Art Kugel verschluckt hatte. Doch das sollte sich bald ändern.

Das neue Jahr begann und am Abend des Neujahrstags war Heike mit ihrem Sohn, dem Freund der kleinen Prinzessin, zum Flammkuchenessen im Königshaus eingeladen. Am Tag danach hatte sie ihren Entbindungstermin im Krankenhaus. Doch es sollte anders kommen. Am Nachmittag klingelte das Telefon in der Notrufzentrale des Hotels Krone, und die Buchungen wurden geändert. Das Baby hatte es sich anders überlegt und wollte nicht mehr so lange warten. Der Freund der kleinen Prinzessin wurde kurzerhand zum Übernachten im Hotel Krone einquartiert, während seine Eltern im Krankenhaus waren. Die Geburt verlief reibungslos und alle freuten sich über das Neujahrskind.

Mitte Januar hatte die Ostracher Oma im Melkstand bei den Kühen einen Unfall. Nun lag sie mit einem gebrochenen Arm, der operiert werden musste, im Krankenhaus. Natürlich besuchte sie der kleine König, doch er fand es seltsam, seine Oma, die sonst immer am Werkeln war, im Bett liegen zu sehen. Sie war zuversichtlich, bald wieder nach Hause zu kommen, und versprach, dann erst einmal die Hände in den Schoß zu legen. Niemand glaubte so wirklich, dass sie das schaffen würde. Aber die Oma wusste sich zu helfen und hielt auch die Schmerzen tapfer aus. Als der kleine König sah, wie sie mit einer Hand zurechtkam, war es fast so wie immer. Es beruhigte ihn, das sie nicht traurig oder unglücklich war.

Da ihr Heimweg vom Krankenhausbesuch am Haus der Seifenblasen-Karin vorbei führte, machten sie einen spontanen Kurzbesuch bei ihr. Dort entdeckte die kleine Prinzessin im Wohnzimmer einen Zimmerbrunnen. Sie spielte mit solcher Hingabe mit den feuchten Steinen, dass sie gar nicht merkte, dass sie total nass wurde. Nachdem sie weder eine trockene Hose noch ein neues T-Shirt dabeihatten, blieb die Königsfamilie ungewollt länger, bis die Kleidung am Kamin getrocknet war.

Die fünfte Jahreszeit – Fastnacht - fiel diesmal im Königshaus komplett aus, denn ein Magen-Darm-Virus hatte die Familie befallen. Die kleine Prinzessin machte den Anfang und als die Eltern dachten, sie sei wieder fit, ging es gleich nochmals los. Der kleine König zeigte sich solidarisch und steckte auch gleich Papa und Mama an. Dem angekündigten Besuch wurde telefonisch abgesagt. Für alle Familienmitglieder gab es einheitliche Schonkost, bis sie nach und nach wieder fit wurden und normal essen konnten.

Nachdem sie sich erholt hatte, wagte die Familie an

einem lauen Vorfrühlingstag einen langen Sonntags-spaziergang. Sie wollten über die Feldwege nach Ostrach wandern, um verschiedene Schaukelversionen anzu-schauen. Der Weg zog sich, sie hatten fast nichts zu essen und zu trinken dabei, nur ein paar Apfelschnitze und ein Fläschchen für die kleine Prinzessin lagen im Kinderwa-gen. Die Eltern sehnten einen Kaffee herbei. Die Sonne war so warm, dass sie im Sweatshirt und mit hochge-krempelten Ärmeln unterwegs waren. Nach einer Pause merkten sie, dass sie den Rückweg nur schwer schaffen würden. Zum Glück gab es ja Handys, und so versuchte der Vater, jemand zu erreichen, der ihn heimfuhr, damit er das Auto des kleinen Königs holen konnte. Doch das stellte sich als gar nicht so einfach heraus. Entweder war niemanden zu Hause oder keiner hatte Zeit. Der kleine König konnte nicht mehr sagen, wie viele Versuche der Vater unternahm. Zum Glück erreichten sie Tante Sylvia, die sogar genug Platz im Auto hatte, um sie und die Kin-derwagen direkt mitzunehmen. Aus der Erfahrung klug geworden lief die Königsfamilie am Wochenende darauf lieber eine Runde im Seepark in Pfullendorf.

Mit Unterstützung der Ärzte hatten die Eltern in-zwischen einen Antrag für eine Familien-Reha bei der Krankenkasse eingereicht. Sie hofften, mit täglicher Ergotherapie die Fähigkeiten des kleinen Königs zu er-weitern und mit Physiotherapie den Versteifungen an seinen Armen und Beinen entgegenzuwirken. Auch für die Eltern waren Therapieangebote beantragt, um ihre Gesundheit zu fördern. Der Vater, der täglich den kleinen König treppauf und treppab trug, brauchte dringend Krankengymnastik für den Rücken. Die Mutter, die neben ihrer Berufstätigkeit Essen kochte und alle Arzttermine managte, sollte sich vom Spagat zwischen Arbeits- und Familienalltag erholen. Alle Ärzte und Therapeuten unterstützten den Antrag mit fachlichen Begründungen und jeder ging davon aus, dass die Genehmigung eine reine Formsache sei. Der kleine König merkte, dass seine Behinderung und die damit verbundenen Anforderungen die ganze Familie betrafen. Er wünschte sich sehr, dass diese Reha für die ganze Familie eine Zeit zum Entspannen würde.

Schneller als gedacht kam die Mitteilung, dass der Antrag für eine Familien-Reha so nicht akzeptiert wurde. Die Krankenkasse genehmigte dem kleinen König eine Reha mit einer Begleitperson. Aufgrund seines Ess- und Trinkverhalten wäre damit klar gewesen, dass nur der Vater hierfür in Frage kam. Der kleine König war schockiert. Das durfte nicht wahr sein. Er wollte doch keine reine Männer-Reha erleben. Lieber gar nicht als so, dachte sich nicht nur der kleine König.

In den folgenden Tagen gab es viele Telefonate zwischen der Krankenkasse und den Eltern, den Eltern und dem Kinderarzt, dem Kinderarzt und … Nach langen Verhandlungen, einem Widerspruch und vielen Papieren bekam die Königsfamilie doch die Genehmigung für eine gemeinsame Reha. Als sie den Brief von der Krankenkasse im Briefkasten fanden, wollten sie ihn erst gar nicht öffnen, sie rechneten nicht mehr mit einer Zusage. Umso größer war die Freude über diese Nachricht. Das Wissen, Ende April für vier Wochen wieder in die Nachsorgeklinik nach Tannheim gehen zu dürfen, weckte in allen Beteiligten neue Kräfte und zeigte deutlich, wie nötig diese Reha war.

Das Osterfest rückte näher und der kleine König wunderte sich: Obwohl sein Opa und er immer kurz vor oder nach Ostern ihre Geburtstage gefeiert hatten, gab es bisher keine Vorbereitungen. Sollten seine Eltern die Geburtstage vergessen haben? Seine Mutter erklärte ihm zwar, das Ostern diesmal viel früher war als die Jahre zuvor, aber die Sache mit dem Mond und dem Frühling verstand der kleine König nicht.

Bei recht kalten Temperaturen jagten sie den Osterhasen bei der Gotti im Garten. Eigentlich wären sie bei der Kälte lieber im Haus geblieben, doch das Geschenk vom Osterhasen für die Königskinder hätte im Wohnzimmer der Gotti keinen Platz gehabt. - Das war eine Überraschung! Ein eigener Sandkasten! Der Vater brachte ihn nur mit Mühe und Not im Auto des kleinen Königs unter. Da der Frühling noch eine ganze Weile auf sich warten ließ, konnten sie den Sandkasten so schnell nicht in Betrieb nehmen.

Einige Wochen später feierte der Großvater seinen runden Geburtstag. Es war ein wahrhaft königliches Fest mit vielen Gästen, Überraschungen und köstlichem Essen. Da der kleine König diesmal seinen Pürierstab dabeihatte, kam er ebenfalls in den Genuss des Festessens.

Wie immer wurde am nächsten Tag sein eigener Geburtstag gefeiert, und wie fast jedes Jahr waren auch Tante Rita und Onkel Karl aus Worms da. Der kleine König stellte fest, dass es in seinem kurzen Leben schon einige schöne Traditionen gab und freute sich über die Gratulationen und Geschenke. Als er beim Auspacken aber feststellte, dass sie fast nur T-Shirts und Hemden enthielten, war er doch etwas enttäuscht. So langweilige Geburtstagsgeschenke hatte er ja noch nie bekommen. In der Reha lernte er die Sachen jedoch so richtig zu schätzen und freute sich im Nachhinein über seine vorausschauenden Gäste.

Bereits vor Ostern war für den kleinen König die S.W.A.S.H.-Orthese angekommen, die um seine Hüften geschnallt wurde und dafür sorgte, dass seine Beine ordentlich nebeneinander liegen blieben. Auf den letzten Drücker vor der Reha erhielt er per Post das Rückenlagerungsmodul, das seinen Rücken im Liegen entlastete. Die neue Sitzschale mit dem Racer-Untergestell, die speziell für ihn angefertigt wurde, ließ auf sich warten. Der nette Herr von der Orthopädiefirma hatte gut zu tun, alles für ihn anzupassen. Der kleine König war sehr gespannt, ob Racer so etwas wie ein Rennwagen sein würde.

Jetzt waren es nur noch zwei Wochen bis zur Abreise. Bevor sie jedoch Ende April in die Reha starteten, gab es natürlich einiges zu tun. Die Eltern informierten die Ämter und Behörden, dass sie in den folgenden Wochen nicht zu Hause zu erreichen wären, und besorgten alles, was für die Reha gebraucht wurde. Der Vater erstellte Bedienungsanleitungen für die Geräte, damit alle, die in der Abwesenheit der Königsfamilie das Haus hüteten und für Post und Garten sorgten, sich zurechtfinden konnten. Außerdem vereinbarten die Eltern mit einem Gartenbaubetrieb einen Termin, an dem der Garten nach ihrer Rückkehr bepflanzt werden sollte.

Ein Telefonat kurz vor der Reha blieb dem kleinen König besonders in Erinnerung. Martina und Uwe, eine befreundete Familie von der früheren Arbeitsstelle der Mutter, hatten bereits mehrfach angerufen, um seine Mama zu sprechen, doch die hatte mit den anstehenden Erstkommunionen Hochsaison. Am letzten Sonntag vor der Reha saß sie mit dem kleinen König im Hängestuhl, als das Telefon klingelte. Sie nahm ab, hörte zu, zögerte und wusste nicht, was sie sagen sollte. Martina und Uwe hatten ihr ein Angebot unterbreitet, das sie sprachlos machte. Die beiden kamen aus der Nähe von Bühl in der Ortenau und wollten der Königsfamilie etwas Gutes tun. Daher hatten sie für die Sommerferien in der alten Heimat der Mutter für einige Tage eine Ferienwohnung gebucht. Sie brauchten nur noch ja zu sagen.

Der kleine König merkte, wie sehr sich seine Eltern über dieses Geschenk freuten, doch es sah aus, als würden sie weinen. Die Idee, im Sommer in den Urlaub zu fahren, fand er verlockend. Ja, und allein die Tatsache, dass die Vermieterin der Ferienwohnung die Kosten der Kinder übernehmen wollte, obwohl sie die Familie ja gar nicht kannte, war erstaunlich. ›Sag halt schon ja, Mama‹, beschwor der kleine König innerlich seine Mutter, ›im Abendritual ist doch jede Menge Platz. Das ist dann unser Beitrag.‹

Seine Eltern waren zu Tränen gerührt und es fiel ihnen nicht leicht, ein solches Geschenk anzunehmen. Sie merkten, wie sehr sie Erholung nötig hatten und diese geballte Ladung von Freude und Dankbarkeit machte sie fast sprachlos.

Endlich war es so weit und das große Packen für die Reha begann. Die Mutter hatte sich hierfür extra den Nachmittag freigenommen und überlegte sich schon einen Notfallplan. Sie glaubte nicht, dass sie mitsamt dem Gepäck der ganzen Familie für vier lange Wochen, den Windeln und Hilfsmitteln in das Auto passen würden. Der kleine König sah ihr gelassen zu, denn er kannte die Packkünste seines Vaters.

Er sollte recht behalten. Am Abend vor der Abreise war der Wagen so gepackt, dass sie am nächsten Morgen nur noch mit den letzten Sachen einzusteigen brauchten. Nach dem Mittagessen bei der Oma in Ostrach fuhren sie los. Obwohl es ein trüber und kalter Tag war, strahlte im Herzen der Königsfamilie die Sonne. Die kleine Prinzessin staunte, was es unterwegs und direkt nach der Ankunft in der Nachsorgeklinik zu sehen gab. Welche Möglichkeiten dieses Haus bot, würde sie in den kommenden vier Wochen austesten.

In der Klinik begrüßte sie die Ergotherapeutin, die sie bereits von ihrem letzten Aufenthalt kannten. Zur Überraschung des kleinen Königs überreichte sie ihm heimatliche Grüße und Bilder aus dem Kindi, die er in aller Ruhe nach dem Abendessen anschaute. Das geht ja schon gut los, freute er sich.

Sie bezogen wieder ein Appartement auf der Ebene der Frösche. Bereits in den ersten fünf Minuten stellte sich heraus, dass sie das Zimmer etwas umdekorieren mussten. Der kleine Hexenbesen hatte das Telefon sofort entdeckt und prompt die Taste erwischt, mit der ein Notruf gestartet wurde. Nach dem Entladen des Autos kreierte der Vater mit seinem Werkzeug, das er vorsorglich dabeihatte, dafür eine Hängevariante, um weitere Zwischenfälle zu vermeiden.

Am nächsten Tag standen nur wenige Termine an und so unternahm die königliche Familie bei trockenem, aber frischem Wetter ihre Maitour auf dem Klinikgelände. Schon in den ersten Tagen lernte die Königsfamilie andere nette Familien kennen, mit denen sie im Verlauf der Reha viel unternahm. Wenn die Kinder schon im Bett waren, trafen sie sich mit den Eltern am Kamin.

Nachdem der kleine König sah, dass nicht nur die Ergotherapeutin die ›Alte‹ war, sondern auch der nette Mann aus der psychosozialen Abteilung, war für ihn klar, dass dies eine gute Zeit werden würde. Die Physiotherapeutin schloss er schnell ins Herz und machte gut mit.

In seiner Schneckengruppe gab es andere Kinder, die ähnliche Behinderungen hatten wie er. Daher bildeten die Erzieherinnen kurzfristig eine Kleingruppe mit Lea-Sophie, Kim und dem kleinen König, damit ihnen der Einstieg in die große Gruppe nicht so schwerfiel. Dieses Trio spielte gemeinsam im Spiegelzelt, tobte im Bällebad oder lauschte gemeinsam in einem Raum der schönen Musik. Nach und nach gewöhnten sie sich an die große Gruppe, von der sie voll akzeptiert wurden.

Die kleine Prinzessin hatte sich im Schtorchennest ebenfalls schnell eingelebt. Die Eltern freuten sich, dass sich ihre Kinder wohlfühlten und mit den anderen Kindern anfreundeten, und genossen die so entstandene freie Zeit.

In ihrer Freizeit unternahm die Königsfamilie Ausflüge mit anderen Reha-Teilnehmern. Einmal besuchten sie mit einer Familie den Schwarzwaldpark bei Löffingen. Begeistert fuhr der kleine König mit der Oldtimerbahn und staunte über all die Tiere, die er noch nie gesehen hatte. Ein anderes Mal reiste fast die gesamte Reha-Gruppe nach Rust in den Europapark. Der kleine König konnte gar nicht so schnell schauen, wie manche Bahnen durch die Gegend rasten und konnte die Höhe einiger Fahrgeschäfte nur erahnen. Er machte lieber eine gemütliche Floßfahrt oder fuhr mit dem Europaexpress. Die ganze Familie freute sich über den behindertenfreundlichen Park und die zuvorkommende Belegschaft. Da sie dachten, dass ihr Sohn es nicht so lange durchhalten würde, war die Königsfamilie mit dem eigenen Auto hingefahren, doch der kleine König zeigte keine Müdigkeitserscheinungen. Als sie am Abend wieder in der Klinik ankamen, war er erledigt und machte schon beim Essen fast ein Nickerchen. Er hatte so viel erlebt, was erst mal verdaut werden musste. Auf seinen Vater, der mit dieser hohen und schnellen Achterbahn gefahren war, war er sehr stolz. Über etwas wunderte sich der kleine König: Wieso hatten weder Papa noch Mama beim Betreten des Parks Eintritt bezahlt? Des Rätsels Lösung bekam er am folgenden Tag. Zufällig lauschte er dem Telefonat seiner Mutter, die begeistert erzählte, dass die ganze Reha-Gruppe Freikarten erhalten hatte. Das fand der kleine König von dem Besitzer des Parks toll.

Während der Reha beobachtete der kleine König etwas Merkwürdiges: An ihrem Nachbartisch saßen zwei Muttis mit ihren schon recht großen Söhnen. Da sie deutlich älter als die anderen Mamas waren, wurden sie von den anderen Reha-Teilnehmern zu Oma Silvia und Oma Martina umbenannt. Abends nach dem Essen bekamen sie regelmäßig Besuch von der kleinen Prinzessin. Es schien fast so, als hätte sie die beiden adoptiert. Während der kleine König sein Abendessen einnahm, spazierte die Kleine mit ihren neuen Omas durch die langen Flure der Klinik und wollte schier nicht mehr auf die Ebene der Frösche kommen. Mit List und Tücke schafften es der kleine König und seine Eltern, sie zum Schlafen in ihr Kinderzimmer zu bewegen.

Da die Europameisterschaft kurz bevorstand, bastelte die Ergotherapeutin mit dem kleinen König einen Fußball mit eingebauter Geräuschkulisse. Nach der Fertigstellung zeigte er ihn stolz seinen Eltern, aber es war gar nicht leicht, den Ball gegenüber seiner Schwester zu verteidigen. Diese wollte gleich damit spielen, doch er sorgte dafür, dass sie ihn nicht in die Finger bekam.

Alles Schöne hat irgendwann ein Ende. Gemeinsam mit den anderen Familien feierte die Königsfamilie an einem lauen Frühlingsabend, der schon fast ein Sommerabend war, das Abschlussfest auf der Terrasse der Klinik. Der kleine König blieb dort jedoch nicht lange, er wollte für die Heimreise fit sein. Er freute sich riesig auf Daheim, den Kindi und auf all die Menschen, die er jetzt lange nicht mehr gesehen hatte.

Bei ihrer Ankunft erwartete die Königsfamilie eine Überraschung: Die letzten Feriengäste hatten das Haus mit lustigen Luftballons dekoriert, um ihnen die Eingewöhnung zu versüßen.

Nachdem fast alles ausgepackt, die Wäsche gewaschen und eingekauft worden war, begann wieder der Alltag. Der kleine König fuhr am nächsten Morgen gleich in den Kindi und zeigte dort anhand von Bildern, was er alles erlebt hatte. Außerdem stand an dem Tag die Prüfung der Praktikantin des Kindi an, und er hatte ihr fest versprochen, da zu sein. Auch für die Mutter begann direkt am nächsten Tag die Arbeit. Der Vater und die kleine Prinzessin kümmerten sich um den Garten, der nach vier Wochen eher einem Urwald glich.

Die Eingewöhnung fiel ihnen allen nicht leicht. Der Vater musste sich wieder überlegen, was er kochen wollte, die kleine Prinzessin inspizierte genauestens ihre eigenen Spielsachen und erkundete die Gegend und der kleine König konnte endlich sein neues Bett ausprobieren. Nach einer der ersten Nächte in seinem neuen Reich weckte er gegen Morgen seine Eltern mit einem lauten Plumps. Er war, aus unerklärlichen Gründen, aus dem Bett gefallen. Wie er das geschafft hatte, blieb ein Rätsel, da er ja hinten im Bett fast an der Wand lag und oben von der Rückenlehne geschützt wurde. Aber der kleine König sorgte immer wieder für Überraschungen.

Kurz darauf kam ein Tag, den der kleine König und die ganze Familie nicht so schnell vergaß. In der Nachsorgeklinik waren sie alle durchgecheckt worden. Laut dem Bericht, den sie mitbekommen hatten, wurde ihnen attestiert, dass die gesundheitlichen Werte ok waren und dass die Reha für die ganze Familie die erhoffte Erholung gebracht hatte.

Es war der 20. Juni, der kleine König saß beim Frühstück, als seine Mutter von einem frühen Arzttermin nach Hause kam. Er spürte schon, dass irgendetwas nicht stimmte. Die kleine Prinzessin hatte den regulären Termin zur U7 gehabt. Der Kinderarzt schmunzelte, als er sah, wie sie durch die Praxis turnte und allerlei vor sich hin brabbelte. Als er sie untersuchte, wurde er plötzlich sehr ernst. Beim Abhören hatte er ein Geräusch an ihrem Herzen wahrgenommen, das er vorher nie gehört hatte. Er wollte es selbst nicht glauben und hoffte ebenso wie die Mutter, dass nur eine wachstumsbedingte Störung aufgetreten sei.

Um den Befund so schnell wie möglich zu klären, fuhr die Königsfamilie eine Woche nach ihrer Rückkehr zur vertrauten Kinderkardiologin in die Kinderklinik von Friedrichshafen. Die Werte der ersten Untersuchungen sahen gut aus, doch das Ultraschallgerät zeigte, dass auch im kleinen Herzen der kleinen Prinzessin ein Loch war und sie in absehbarer Zeit operiert werden musste.

Das waren Nachrichten. Nicht nur der kleine König hatte das Gefühl, als sei die Erholung und die Kraft, die sie in Tannheim getankt hatten, wie weggeblasen. Da war ihm das gute Ergebnis seiner Untersuchung beim HNO-Arzt vom Vormittag völlig egal. Er hatte keine

Polypen, oder wie man diese Teile nannte, die in der Nase wachsen können. Der Arzt hatte gesagt, dass er bei Infekten nur die richtigen Medikamente bräuchte.

Da er wusste, was auf die kleine Prinzessin zukam, hatte der kleine König überhaupt kein Problem damit, als seine Eltern kurz darauf alleine mit ihr nach Tübingen fuhren, um für die OP alles abzuklären. Nach dem Kindi wurde er von einer lieben Freundin der Eltern zu Hause erwartet, die sich um ihn kümmerte, bis seine Eltern wieder zurück waren.

Diese kamen erleichtert nach Hause. Der Herzfehler der kleinen Prinzessin war nicht so schlimm wie bei ihm damals, und mit der OP konnte noch etwas gewartet werden. Die Königsfamilie atmete erst mal durch und merkte, wie die Energien zurückkehrten.

Da sie mit der Klinik in Tübingen, in der die OP stattfinden sollte, bislang gute Erfahrungen gemacht hatten, sorgten sie sich auch nicht weiter. Sicher warfen die Eltern und der kleine König wiederholt einen verstohlenen Blick auf die kleine Prinzessin, doch sie zeigte keine großen Beeinträchtigungen. Manchmal hatte man vielmehr den Eindruck, die Kleine habe einen besonderen Schutzengel gepachtet. An manchen Tagen probierte sie derart waghalsige Sachen aus und raste wie ein Wirbelwind um den kleinen König herum, dass ihm ganz anders wurde.

Der kleine König schnuppert Schulluft

Der kleine König merkte, dass seine Zeit im Kindi zu Ende ging. Einige Kinder, die älter waren als er, hatten in den vergangenen Jahren ihren Abschied gefeiert.

Seine Eltern hatten bereits Anfang des Jahres verschiedene Schulen besucht, um sich einen Überblick zu verschaffen. Die eine Schule war zwar wunderschön, lag jedoch so weit entfernt, dass der kleine König dazu in ein Internat hätte umziehen müssen. Doch das konnte er sich nicht vorstellen. Sie begutachteten die Einrichtungen aus verschiedenen Blickwinkeln und entschieden sich letztlich genau für die Schule, die dem kleinen König selbst am besten gefiel.

Kurz vor Ostern fand die Einschulungsuntersuchung des kleinen Königs im Gesundheitsamt statt. Da die nette Ärztin dort sah, dass er nicht die normale Schule in Burgweiler besuchen konnte, war die Untersuchung schnell erledigt und sie durften wieder nach Hause fahren. Die kleine Prinzessin hatte unterdessen die Zeit dazu genutzt, um im Sprechzimmer die größtmögliche Unordnung herzustellen und gleichzeitig für Unterhaltung zu sorgen.

Einige Wochen später bekam der kleine König Post vom Gesundheitsamt. In dem Schreiben wurde ihm mitgeteilt, dass er ab dem 8. September verpflichtet sei, die Schule St. Christoph in Wilhelmsdorf-Zußdorf zu besuchen. Ihm war zwar nicht klar, was das bedeutete, doch er merkte, dass die Zeit reif für etwas Neues war. Immer mehr Zähne fingen an, in seinem Mund zu wackeln, und er überlegte, ob er sich kleiner König Wackelzahn oder kleiner Vampir nennen sollte.

Auch im Kindergarten war alles auf den Wechsel in die Schule ausgerichtet. Seine Mutter verbrachte viele Stunden im Kindi, um seine Schultüte zu basteln, die er mit der Praktikantin ausgewählt hatte. Er wusste schon, was er damit seiner Mama, die keine Basteltante war, zumutete, doch da musste sie durch. Eine standesgemäße Schultüte musste schon sein. Im Stillen tat sie ihm ja leid, wenn sie stöhnte, wie viele Einzelteile diese Tüte benötigte und welche Mühe es kostete. Dafür war er aber sehr stolz, als er sie beim Sommer- und Abschiedsfest im Kindi überreicht bekam. Und das war noch nicht alles. Das Fest wurde mit Stationen für alle Sinne gestaltet und endete mit einer großen Runde in der Turnhalle. Dort wurden der kleine König und ein weiteres Kind in die Schule verabschiedet. Neben der Schultüte, auf der eine Unterwasserwelt mit vielen Fischen und Pflanzen zu sehen war, bekam er ein überdimensionales Bild von sich selbst und eine Kerze überreicht. Außerdem wurden ihm alle gesammelten Werke aus seiner Kindergartenzeit mit nach Hause gegeben.

An seinem letzten Tag im Kindi war es ihm schon etwas komisch zu Mute. Tapfer verdrückte er die Tränen, die ihm herauskullern wollten. Als er sich von den Erzieherinnen verabschiedete, überreichten diese ihm als Andenken ein Krokodil. Dieses Krokodil mit seinen großen, zum Glück nicht zu scharfen Zähnen war von da an gemeinsam mit Ernie sein ständiger Begleiter. Er liebte dieses Stofftier und daher war es nur verständlich, dass es ihn an seinem ersten Schultag begleitete.

Die Sommerferien begannen und die Mutter des kleinen Königs zählte die Tage bis zu ihrem Urlaub. Kurze Zeit darauf fuhren sie in die Ortenau zu der Ferienwohnung. Dort wurden sie schon von Martina, Uwe und deren Kindern erwartet. Der Urlaub entwickelte sich zu richtigen Schlemmertagen. Jeden Morgen stellte ihnen die Vermieterin frische Frühstücksbrötchen vor die Tür. Auch um die anderen Mahlzeiten brauchten sie sich nicht kümmern.

Der Vater war seit der Reha dazu übergegangen, die Speisen der Erwachsenen für den kleinen König zu pürieren. Dieser genoss die vielfältigen Köstlichkeiten und entdeckte, wie gut Essen schmecken kann. Die Eltern freuten sich, dass sie für ihn nun keinen Spezialeintopf kochen mussten.

Die Kinder genossen die Ferien. Neben langem Ausschlafen und den Spaziergängen an der frischen Luft liebte der kleine König besonders die Zeit auf der Terrasse. Das Wetter war so schön, dass sie dort oft auch essen konnten. Wenn er mal alleine auf der Terrasse saß oder auf einer Decke auf dem Rasen lag, stellte sich der kleine König vor, wie wohl der angepflanzte Garten, den der Gartenbaubetrieb Ende August anlegen sollte, aussehen würde. Gemeinsam mit der kleinen Prinzessin hatte er schon vor einer ganzen Weile den Sandkasten eingeweiht. Er begnügte sich überwiegend damit, die Füße hineinzustecken und den Sand zu fühlen, während seine Schwester mit dem Papa tolle Sandkuchen backte.

Ein besonderes Erlebnis war der Ausflug mit zwei befreundeten Familien zum Affenberg in Salem. Hatte dieser Berg nur einen seltsamen Namen oder sollte es dort wirklich Affen geben, fragte sich der kleine König. Bei der Ankunft war noch kein Tier zu sehen, nachdem sie jedoch durch ein Tor gegangen waren, entdeckte er die ersten Affen. Die kleine Prinzessin war begeistert, doch mit dem Füttern war sie eher zögerlich. Er selbst probierte es mit Papas Unterstützung gleich aus und freute sich, als der Affe das Popcorn aus seiner Hand holte. Kurz bevor sie den Park wieder verließen, erlebten sie noch ein Abenteuer. Seine Schwester saß im

Buggy und hatte wie immer ihr Baby, wie sie ihre Puppe nannte, dabei. Plötzlich kam ein kleiner Affe, nahm die Puppe und wollte mit ihr verschwinden. Schnell rissen die Eltern ihm die Puppe wieder aus seiner Pfote, sonst hätte der Tag der Königsfamilie mit Tränen geendet. Die kleine Prinzessin brauchte eine Weile, bis sie diesen Schock verkraftet hatte. Nach dem Pizzaessen in Überlingen verbrachten sie den restlichen Nachmittag mit einer Schiffstour auf dem Bodensee und anschließend in einer Eisdiele.

Gleich am nächsten Tag begannen die Gartenarbeiten. Ein Bagger kam, um einen Teil des Rasens wegzuschaufeln. Die kleine Prinzessin sagte den ganzen Tag ›Bagger putt macht‹, doch dem kleinen König gefiel das. Danach wurden die Pflanzen gesetzt, und die Königsfamilie konnte es fast nicht glauben, wie anders der Garten auf einmal aussah.

Kurz darauf kamen überraschend seine Cousine und sein Cousin aus Weinheim für zwei Tage zu Besuch. Sie spielten mit den Königskindern im Sand, lasen ihnen aus Büchern vor und gingen sogar zusammen zur Abenteuergolfanlage in den Seepark. Der kleine König begnügte sich mit dem Zuschauen, doch er hatte seine Freude daran, wie die Spielenden versuchten, die Löcher zu treffen, und der kleine Ball immer wieder daneben rollte. Nachdem es sich doch recht lange dauerte, zogen es der kleine König und die kleine Prinzessin vor, mit dem Vater schon früher nach Hause zu gehen, um etwas zwischen die Zähne zu bekommen.

Kurz vor Ferienende feierte seine Oma wie jedes Jahr ihren Geburtstag. Auf der Feier wurde der kleine König von allen Gästen darauf angesprochen, dass die Schule jetzt bald losgehen würde. Er wusste nicht recht, was er dazu sagen sollte. Die Schultüte, die seit Juli im Wohnzimmer bereitstand, war inzwischen gefüllt worden und der Rucksack für seine speziellen ›Schulsachen‹ stand bereit.

Schon seit dem Abschiedsfest vom Kindi hing ein Brief seiner Lehrerin an der Pinnwand in der Küche, in dem er und seine Eltern zum Schulanfangsgottesdienst früh am Morgen des 8. Septembers eingeladen waren. Der kleine König war gespannt, was auf ihn zukommen würde. Er freute sich zwar auf das Neue, doch gleichzeitig war ihm etwas bang. Da das andere Kind aus dem Kindi ebenfalls da sein würde, kannte er zumindest schon mal einen Klassenkameraden.

Kurz nach Mitternacht standen sie wieder einmal auf, damit sie rechtzeitig aus dem Haus kamen. Die kleine Prinzessin, die Langschläferin, blieb in der Obhut der Oma, die gekommen war. Gemeinsam mit der Physiotherapeutin vom Kindi kamen sie bei der Schule an, wurden freundlich begrüßt und gleich in die Kirche gebracht. Da war was los! Der kleine König sah zum ersten Mal so viele Kinder im Rollstuhl sitzen und stellte fest, dass es ihm trotz seiner erheblichen Beeinträchtigungen eigentlich gut ging. Zum Glück ergatterte er mit den Eltern und dem Krokodil, das ihn begleitete, einen freien Platz. An diesem ersten Tag wollte er etwas dabeihaben, was ihm vertraut war und er fest in der Hand halten konnte. Dann wurde er mit seinen Eltern nach vorne gerufen und es wurde für ihn und alle Anfänger, die neu waren, gebetet. Nach einer weiteren Begrüßung in seiner Unterstufe ging der kleine König voll Vertrauen mit seiner Klassenlehrerin mit, während seine Eltern bei einer Tasse Kaffee und irgendwelchen Informationen zurückblieben. Der liebe Gott war ja bei ihm, da würde ihm schon nichts Schlimmes passieren, und wenn, hatte er sein Krokodil dabei. Mit vielen neuen Eindrücken und dem Gefühl, dass ihm eine spannende Zeit bevorstehen würde, fuhr er mit seinen Eltern wieder nach Hause.

Der erste Schultag war zu Ende, und von da an zeigte der kleine König, wie flexibel er war. Täglich hatte er andere Busfahrer, aber das war für ihn kein Problem. Es gab Tage, an denen er erst spät am Nachmittag ohne Mittagsschlaf nach Hause kam. Seine Eltern staunten in den folgenden Wochen, denn der kleine König aß nicht nur gut bei seiner Lehrerin, sondern trank neuerdings auch aus einem Trinkbecher. Das musste er zwar noch etwas üben, doch es klappte zunehmend besser. Manchmal kam er auch in anderer Kleidung aus der Schule nach Hause, da er etwas nicht vertragen und sich erbrochen hatte, doch sämtliche Befürchtungen der Eltern trafen nicht ein. Sie beobachteten, dass der kleine König immer, wenn der Name seiner Lehrerin oder der Physiotherapeutin fiel, über das ganze Gesicht strahlte. An den Tagen, an denen er nicht in die Schule durfte, weil es ihm nicht gut ging, meuterte er. Besonders gern mochte er den Kochunterricht. Er war stolz, wenn er mit dem BIGmack und dem verbundenen PowerLink, einer Kommunikationshilfe für sprachbehinderte Kinder, mit einem Tastendruck die Geräte anschalten durfte. Seither fand man ihn oft zu Hause an den Lichtschaltern, wo er das Licht ein- oder ausschaltete.

Die Zeit verging wie im Flug. Die Herbstferien begannen und für den kleinen König stand die jährliche Kontrolle seines Herzens in Friedrichshafen an. Diesmal war es eine Kurzvorstellung. Sie kamen pünktlich dran. Die Kinderkardiologin war begeistert vom OP-Ergebnis, das fünf Jahre zurücklag, und freute sich, dass es dem kleinen König gut ging. Schneller als gedacht war er wieder aus dem Behandlungszimmer draußen. Da die Krankenschwester, die dem kleinen König nach seiner Geburt das Trinken beigebracht hatte, Dienst hatte, nutzte er die Zeit, ihr Hallo zu sagen. Auch der Chefarzt gesellte sich dazu und alle freuten sich über das Wiedersehen.

Am nächsten Tag hatte der kleine König seinen ersten Zahnarztbesuch. So richtig geheuer war es dem kleinen

König in der Praxis nicht, doch es ging alles gut. Er biss niemandem auf die Finger, und ihm wurde nicht weh getan. Bei der Untersuchung öffnete er zwar nur zögerlich den Mund, doch als der freundliche Zahnarzt ihm versprach, dass beim nächsten Besuch erst der Vater den Mund aufmachen müsse, strahlte er.

Geheimnisse behielt der kleine König problemlos für sich, da er nach wie vor nicht sprechen konnte. Nach der Schule versuchte er mit dem Lautieren zu Hause von seinem Tag zu erzählen, doch wenn Papa oder Mama ihn über die Schule ausfragten, schwieg er standhaft.

An einem trüben Sonntag im November erwartete die Eltern eine große Überraschung. Sie waren zu einem Elterntag eingeladen und so fuhr die ganze Familie nach Zußdorf in die Schule. Dort erklärten die Lehrerinnen zunächst, wie sie mit den Kindern in dieser Schule arbeiteten, dann gab es an einem schön gedeckten Tisch Kaffee und Kuchen. Zum Höhepunkt des Tages wurde ein Theaterstück zu der Frederick-Geschichte aufgeführt. Diese hatten die Lehrerinnen mit den Schülern seit Schuljahresbeginn in den verschiedenen Fächern bearbeitet und in Form eines Theaterstücks mit den Kindern einstudiert. Alle Kinder waren als Mäuse verkleidet, auch der kleine König. Jeder hatte mit Hilfe der BIGmacks und den Computern eine Aufgabe, der kleine König war für den Satz ›Ich sammle Körner‹ zuständig. Die Eltern waren gerührt, ihren Sohn auf der Bühne zu sehen. Danach zeigte er seinen Eltern die ganzen Gerätschaften, mit denen er lernte zu kommunizieren. Er wünschte sich sehnlichst, im nächsten Jahr einen eigenen BIGmack und PowerLink zu bekommen.

Mit der Schule hatte sich der Alltag des kleinen Königs sehr verändert. Jetzt gab es einen Stundenplan und feste Termine, die sich täglich oder einmal in der Woche wiederholten. Die Eltern staunten, wie begeistert er am Unterricht teilnahm und wie viel er dazulernte.

Im November fielen die ersten Schneeflocken und verwandelten sich zu Schneebergen. Leider kamen die Königskinder erst auf die Idee, ihren Schlitten auszuprobieren, als der ganze Schnee bereits geschmolzen war. Der kleine König war sich aber sicher, dass es nicht der letzte Schnee sein würde.

In der Adventszeit gestaltete die Lehrerin mit der Klasse eine Adventsecke, in der sie miteinander sangen, bastelten und für die Weihnachtsaufführung probten.

Die kleine Prinzessin redete inzwischen wie ein Buch und entwickelte sich zu einer richtigen Haushaltshilfe. Sie unterstützte den Vater bei der Hausarbeit in der Küche und überall dort, wo sie schon drankam. Manche Zusammenhänge verstand sie noch nicht richtig. So kam es vor, dass die Eltern nur davon sprachen, was der kleine König essen werde, schon rannte sie in die Küche und holte aus dem Schrank das Glas, in dem das Essen für den kleinen

König püriert wurde. Den Tisch wollte sie meistens allein decken, und wenn ihr jemand dazwischenkam, sagte sie: »Selber bitte«. Manchmal, wenn ihr etwas gar nicht passte, warf sie sich auf den Boden und weinte herzerbärmlich. Gerne hätte ihr der kleine König zur Seite gestanden, aber selbstständig stehen und zu ihr sehen konnte er leider nicht, obwohl ihm die neuen Ringorthesen, die er seit einiger Zeit trug, einen besseren Halt gaben.

Der kleine König betritt Neuland

Es wurde Weihnachten und nach langen Überlegungen entscheid sich die Königsfamilie dazu, Heiligabend zu Hause zu feiern. Das Christkind überraschte den kleinen König und die kleine Prinzessin mit einem Xylofon und die beiden hatten ihre helle Freude daran. Der kleine König genoss die ruhigen, langsamen Töne, seine Schwester dagegen liebte es, wie sie es selbst bezeichnete, ›Buschtrommel‹ zu spielen. Kein Wunder, dass einer ihrer Schlegel schon nach kurzer Zeit nicht mehr einsatzfähig war. Aber zum Glück konnte ihn der Papa mit seinem handwerklichen Geschick schnell reparieren.

Am ersten Weihnachtstag kam dann die ganze große Königsfamilie zusammen und die kleine Prinzessin nahm ihre neue Spielküche mit voller Begeisterung in Betrieb. Natürlich wollte sie die vorzügliche Bewirtung am nächsten Morgen fortsetzen, doch sie konnte den ersehnten Kaffee nicht kochen. Zur Überraschung der ganzen Familie begann der zweite Weihnachtstag mit einem ›Candlelight - Frühstück‹. Aufgrund eines

Stromausfalls ließen sich die elektrischen Rollläden im Erdgeschoss nicht öffnen und die Königsfamilie saß im Dunkeln. Nachdem unklar war, wann der Strom wieder funktionieren würde, zündeten sie sämtliche Kerzen an und frühstückten mit Mineralwasser, Saft oder kalter Milch. Alles in allem war es eine unterhaltsame Situation, allerdings verzögerte sich dadurch ihre geplante Abfahrt zur Oma in Weinheim um einige Stunden. Sie konnten ja nicht einfach wegfahren. Ohne Strom würde der Inhalt der Gefriertruhe so nach und nach auftauen, da musste man sich gegebenenfalls etwas einfallen lassen.

Um die Wartezeit sinnvoll zu nutzen, packten sie schon mal die Sachen für die Fahrt ins Auto. Als das Wasser für den Kaffee, das sie mit Hilfe ihres Kachelofens erhitzten, gerade zu kochen begann, kehrte der Strom wieder zurück. Erleichtert kochten sie noch ein kleines Mittagessen, denn das Frühstück war ja schon eine Weile her.

Nach den Weihnachtsferien freute sich der kleine König wieder auf die Schule, denn er vermisste die anderen Kinder, seine Lehrerinnen und Therapeutinnen über die Maße. In den folgenden Wochen kamen mehrfach seine Physiotherapeutin und der nette Mann der orthopädischen Firma in die Schule und passten das neue Hilfsmittel, das er nach Aussagen der Orthopäden tragen sollte, optimal an. Der kleine König fand das lästig und anstrengend, an manchen Tagen wäre er lieber bei seiner Lehrerin geblieben.

Dieses neue Hilfsmittel nannte sich Korsett. Er hatte mitbekommen, dass es Menschen gab, die so etwas anzogen, um eine ›schlanke Linie‹ zu haben, doch auf die musste er ja nicht achten. Obwohl er nicht verstand, wofür er so etwas brauchte, merkte er schnell, dass er mit Korsett ein ganzes Stück größer wurde und dass es ihm irgendwie guttat. Dennoch meuterte er häufig, wenn er das Korsett, nachdem die Endanprobe stattgefunden hatte, anziehen musste. Aber es führte kein Weg daran vorbei. Seine Eltern erklärten ihm, dass dieses Korsett notwendig sei, um einer sich entwickelnden Skoliose, also einer Verkrümmung seiner Wirbelsäule, entgegenzuwirken. In den ersten Tagen trug er das Korsett zur Eingewöhnung zunächst nur wenige Minuten, allmählich wurden daraus viertel und halbe Stunden, ja fast Stunden. Von der Stundenzahl, die den Orthopäden vorschwebte, war er jedoch noch Welten entfernt.

Mitte März waren die Eltern zu einem weiteren Elterngespräch in der Schule, bei dem ihnen die Kommunikationsmöglichkeiten für den kleinen König gezeigt wurden. Gemeinsam mit den Lehrerinnen beschlossen sie, zwei BIGmacks und einen PowerLink für ihn zu beantragen, damit er auch zu Hause das Erlernte in der Küche üben konnte.

Überraschend schnell wurden die Anträge im vollen Umfang genehmigt, die Lieferung ließ jedoch bis zu seinem Geburtstag auf sich warten und wurde auf diese Weise zu einem besonderen Geschenk.

Ein BIGmack ist ein Taster, der eine Aufnahmefunktion hat. Je nachdem, ob die Aufnahme am Stück oder in Abschnitten aufgezeichnet wurde, kann sie durch das Drücken der Taste vollständig oder in Abschnitten abgespielt werden.

Der PowerLink ist ein elektrisches Gerät, das mit dem Strom verbunden wird. Auf dem PowerLink befinden sich zwei Steckdosen, in die elektrische Geräte eingesteckt werden und die über einen Taster vom BIGmack aus bedient werden. Der kleine König konnte so Küchengeräte wie das Handrührgerät, den Pürierstab oder die Kaffeemaschine ein- und ausschalten.

Nun konnte er in der Küche mitwerkeln und Botschaften aus der Schule und umgekehrt selbst mit dem BIGmack abspielen. Die kleine Prinzessin glaubte, damit ein neues Spielgerät gewonnen zu haben, doch sie wurde enttäuscht. Sie durfte zwar die Botschaft aufsprechen, die er von zu Hause in die Schule mitbringen sollte, ansonsten hatte sie aber ihre Finger davon zu lassen.

Kurz vor den Osterferien lud der kleine König seine Lehrerinnen zu seiner Geburtstagsfeier ein. Da Ferien waren, rechnete er ehrlich gesagt nicht mit ihrem Besuch, doch zu seinem Geburtstag schickten sie ihm entweder eine Glückwunschkarte aus dem Urlaub, und zwei Lehrerinnen kamen sogar zum Kaffee. Da die Königsfamilie nach den ganzen Feierlichkeiten um Ostern keinen Kuchen mehr sehen - geschweige denn essen - konnte, bekam der kleine König in diesem Jahr eine herzhafte Geburtstagstorte mit einer kleinen Raupe Nimmersatt aus Käse, Wurst und Essiggurken. Seine fast altersgleichen Cousins bliesen die 7 Kerzen aus und das Fest begann.

So langsam rückte der Termin für die Herz-OP der kleinen Prinzessin näher. Um den kleinen König für diese Zeit an eine neue Betreuung zu gewöhnen, kam bereits einige Wochen vorher jeden Dienstag eine Frau von der Sozialstation ins Haus, die mit ihm viel unternahm. Mal marschierten sie durch die Felder in und um das Dorf herum, mal las sie ihm etwas vor oder sie spielten gemeinsam mit der kleinen Prinzessin ein Spiel. Zunächst fand der kleine König das nur schön, doch bald wurde ihm klar, dass da wieder etwas im Busch war. Er musste nicht lange auf die Antwort warten. Seine Eltern erzählten ihm, dass die Frau für ihn da sein würde, wenn sie mit der kleinen Prinzessin wegen der Herz-OP im Krankenhaus wären.

Bislang hatte sich der kleine König an den Tagen, an denen er mittags Schule hatte, von seiner Lehrerin füttern lassen. So nach und nach akzeptierte er, dass eine andere Person als seine Eltern ihm das Essen gab, doch jetzt kam die totale Steigerung: Der kleine König durfte mit in den Speisesaal, in dem alle anderen Schüler aßen.

Das war eine Freude! Seine Eltern befürchteten zwar, dass ihn das ablenken könnte, diese Bedenken erwiesen sich als unbegründet. Er genoss die Gesellschaft seiner Schulkameraden und ließ sich ohne Theater füttern. Kurz darauf gab es die nächste Überraschung: Er durfte mit ins Schwimmbad. Trotz der langen Anfahrt bis fast nach Wangen im Allgäu freute er sich riesig. Er kannte das Element Wasser aus seinen Rehas in Tannheim und liebte es über alles.

Mittlerweile waren 40 Tage seit dem Osterfest vergangen und die Pfingstferien standen bevor. Hierzu hatte sich die Familie Peters aus Eschweiler angemeldet, die sie in der Reha kennengelernt hatten. Seitdem hatten sie aufgrund der großen Entfernung immer nur miteinander telefoniert. Der kleine König konnte es kaum glauben, nun machte diese Familie im Schwarzwald Urlaub. Da es von dort zu ihnen nur ein Katzensprung war, wollten sie die Tage bei der Königsfamilie ausklingen lassen.

Die Wiedersehensfreude war riesig. Sie verbrachten das ganze Pfingstwochenende miteinander, und am Sonntag stieß noch eine weitere Familie aus der Reha dazu, die bei ihnen in der Nähe wohnte. Zur Krönung des Tages war eigentlich Grillen geplant, doch das Wetter sah nicht so verheißungsvoll aus. Die Temperaturen luden eher zu Kinderpunsch oder einem Glühwein als zum gemütlichen Sitzen auf der Terrasse ein. Doch das war alles kein Problem. Der Vater des kleinen Königs, der eine

Art Wärmeaggregat in sich trug und auch im Winter mit einem Kurzarmshirt unterwegs war, baute den Grill auf und grillte draußen, drinnen wurde gemütlich zu Mittag gegessen. Der Tag war so schön, dass nicht nur der kleine König am liebsten die Zeit angehalten hätte. Die Kinder spielten miteinander und es war fast so, als hätten sie sich vor zwei Wochen das letzte Mal gesehen.

Der nächste Tag sah freundlicher aus, und die Königsfamilie lud die Peters zu einem Ausflug zum Affenberg ein. Die Affen hatten jedoch an dem Morgen schon so viel zu essen bekommen, dass sie kaum noch Interesse an den Besuchern zeigten. Trotzdem hatten alle ihren Spaß, und freuten sich, als sie einen Babyaffen sahen.

Nachdem die frische Luft sie hungrig gemacht hatte und es schon weit nach der Mittagszeit war, fuhren sie den Berg hinauf zu einer Pizzeria mit tollem Blick auf den Bodensee. Da nach dem Essen die Sonne herauskam, machten sie einen Abstecher an den Bodensee und zeigten ihren Freunden die Schönheit der Umgebung. Simon, der Jüngste, ließ es sich nicht nehmen, den kleinen König im Reha-Buggy die Promenade entlangzufahren. Es war gut, dass es dort ein Geländer zum See gab, sonst hätte der kleine König vielleicht ein unfreiwilliges Bad genommen. Die kleine Prinzessin teilte mit Hingabe ihr Eis mit Simon.

An dem Abend geschah etwas, an das sich der kleine König lange erinnerte und das in das Abendritual aufgenommen wurde: Simon gab seiner kleinen Schwester am Abend nicht nur einen Gute-Nacht-Kuss, er gab ihr auch den Segen, dass sie gut schlafe und behütet sei. Seit diesem Tag gab die kleine Prinzessin dem kleinen König und allen anderen den Segen, und er selbst probierte es auch immer wieder. Wenn es ihm gelang, mit seinem Daumen seine Eltern und seine Schwester zu segnen, war er mächtig stolz.

Die Ferien gingen zu Ende und am nächsten Tag hieß es von den Peters Abschied nehmen, damit sie ihre weite Reise nach Hause antreten konnten.

Keine Woche später stand die Herz-OP der kleinen Prinzessin an. Am frühen Morgen kam die Frau von der Sozialstation und übernahm den kleinen König, damit die Eltern mit seiner Schwester nach Tübingen fahren konnten. Der Abschied fiel ihm sehr schwer, denn er ahnte, was ihr bevorstand. Er wollte tapfer sein und nicht weinen, doch er schaffte es nicht. Als seine Schwester und seine Mutter sich von ihm verabschiedeten, weinte er sehr und war nicht so schnell zu beruhigen. Doch er musste tapfer sein, damit alle Beteiligten gut durch diese Zeit kamen, daher ließ er alles mit sich machen und gab sich auch in der Schule Mühe. Seine Lehrerin, die wusste, was zu Hause los war, hatte der kleinen Prinzessin einen Schutzengel mitgegeben.

Als der kleine König an diesem Mittag nach Hause kam, war die nette Frau da und erwartete ihn mit dem Mittagessen. Er gab sein Bestes und ließ sich von ihr füttern. Der Nachmittag wurde ihm, obwohl er kurzweilig war, lang.

Nachdem sein Papa zum Abendessen noch nicht aus Tübingen zurück war, ließ sich der kleine König brav und so gut es ihm in dieser Situation ging füttern. Obwohl er müde war, konnte er nicht einschlafen. Er wollte unbedingt wissen, ob bei der Aufnahmeuntersuchung alles gut gegangen war. Erst als sein Vater nach Hause kam und ihm sagte, dass seine kleine Schwester die Untersuchungen gut überstanden hatte und schon das erste Mal in die Schatzkiste für Tapfere hatte greifen dürfen, war er glücklich und beruhigt.

Während der kleine König am nächsten Morgen auf dem Weg in die Schule war, fand die Operation statt. Als er nach dem langen Schultag nach Hause kam, berichtete ihm der Vater, dass die Operation gut verlaufen war. Die kleine Prinzessin lag schon auf der Intensivstation und sie würden am nächsten Tag zum Frauenteam nach Tübingen fahren. Die Mutter übernachtete die erste Nacht bei einer Bekannten in Tübingen, danach stand der Königsfamilie, solange die kleine Prinzessin auf der Intensivstation lag, ein Zimmer im Elternhaus zur Verfügung.

Der nächste Tag war ein Feiertag und der kleine König hatte von seiner Schule auch den Freitag frei bekommen. Das Männerteam packte daher Sachen für ein ganzes Wochenende ein und machte sich auf den Weg nach Tübingen. Als sie am späten Nachmittag in der Klinik ankamen, lag die kleine Prinzessin immer noch auf der Intensivstation. Da der kleine König mit seinen sieben Jahren dort keinen Zutritt hatte, durfte er sie nicht besuchen. Das machte ihn traurig, aber der Papa überbrachte seine Grüße.

Nach der ersten Nacht im Elternhaus wollte sich der kleine König selbst davon überzeugen, dass es seine Schwester die OP gut überstanden hatte. Nach den Aussagen der Ärzte sollte es ihr gesundheitlich schon wieder recht gut gehen. Doch aus dem Besuch wurde wieder nichts. Da kein Platz auf der Normalstation frei war, musste sie auf der Intensivstation bleiben, und eine Sondergenehmigung für eine Stippvisite von ihm war nicht zu bekommen. Was konnte er machen? Die Eltern wechselten ständig zwischen der Intensivstation und ihm und berichteten das Neuste. Er freute sich, dass, wenn der Papa bei seiner Schwester war, er seine Mama bei sich hatte und umgekehrt, doch die Sehnsucht nach der kleinen Prinzessin wurde immer größer.

Am folgenden Tag, dem Geburtstag des Papas, wurden die Eltern erfinderisch. Sie hatten entdeckt, dass das Fenster, an dem das Bett der kleinen Prinzessin stand, vom Garten aus zu sehen war. Diese durfte inzwischen trotz aller Infusionen und Kabel schon wieder auf dem Schoß sitzen. Nachdem sich das Wetter gebessert hatte, saß der kleine König mit seiner Mama auf einer Bank im Garten der Klinik, während der Papa mit der kleinen Prinzessin am Fenster im obersten Stock stand. Da die Mama das auf die Entfernung nicht genau sehen konnte, griff der Vater immer, wenn seine Schwester dabei war, zu einem weißen Tuch, damit der kleine König winken konnte. Er freute sich, dass sie sich zumindest auf diese Weise sehen und verständigen konnten. Er war sich sicher, dass die kleine Prinzessin spürte, wie gerne er sie selbst besucht hätte. Das war in gewisser Weise das Geburtstagsgeschenk des Vaters, der eigentlich selbst Geburtstag hatte und dessen Feier dieses Jahr sehr überschaubar ausfiel, an seinen Sohn.

Am Sonntag vor der Abreise des Männerteams gab es eine große Überraschung: Die kleine Prinzessin wurde auf eine ›Zwischenintensivstation‹ verlegt. Endlich durfte auch der kleine König sie besuchen. Beide freuten sich über das Wiedersehen und da die kleine Prinzessin schon wieder recht munter war, machte er sich keine weiteren Sorgen. Er wusste ja, dass so eine Herz-OP Zeit braucht und dass es jetzt nur noch aufwärts gehen konnte.

Am nächsten Tag berichtete er mit den Aufzeichnungen auf seinem BIGmack in der Schule von dem Besuch in Tübingen und den Erlebnissen mit der netten Frau von der Sozialstation.

Zwei Tage später fuhr der Vater mit der Oma nach Tübingen, um das Frauenteam zu besuchen und ihnen frische Wäsche und alles andere, was sie brauchten, mitzubringen. Bei ihrer Ankunft staunten die beiden nicht schlecht. Die kleine Prinzessin bekam keine Infusionen mehr, und während der Papa und die Oma beim Mittagessen waren, wurde ihr das letzte Kabel vom Herzschrittmacher und irgendwelche Fäden gezogen. Da sie alles klaglos mitmachte, durfte sie wieder etwas aus der Schatzkiste für Tapfere auswählen. Nach dieser Aktion war sie erledigt, wollte nichts mehr zu Mittag essen und bekam etwas Fieber, aber die Ärzte versicherten, dass dies die üblichen Nebenwirkungen waren.

Als der kleine König nach Hause kam, erwartete ihn die Frau von der Sozialstation schon mit dem Mittagessen. Er aß zwar nicht so gut wie beim Papa, doch er wurde satt und war zufrieden. Am Abend freute er sich sehr über die guten Neuigkeiten, die ihm sein Papa nach seiner Rückkehr aus dem Krankenhaus überbrachte.

Die Königsfamilie rechnete damit, dass die kleine Prinzessin weitere drei Wochen im Krankenhaus zu bleiben hatte, doch als der kleine König am nächsten Tag müde aus der Schule kam, weckte eine Nachricht in ihm sämtliche Lebensgeister: Seine Schwester sollte am nächsten Tag aus dem Krankenhaus geschmissen, oder sagt man da entlassen werden? Das wunderte ihn schon, die Operation war doch erst eine Woche her? Ob das mit rechten Dingen zuging? Letztlich war es ihm egal, ob sie entlassen oder rausgeschmissen wurde, er freute sich einfach darauf, dass das Frauenteam wieder zurückkehrte. Am nächsten Tag fuhr der Papa somit erneut nach Tübingen. Bereits nach dem Mittagessen machten sie sich auf den Heimweg. Die kleine Prinzessin war zwar noch nicht wieder ganz fit und irgendwelche Blutwerte waren noch nicht ganz in Ordnung, doch sie freute sich auf zu Hause.

Die Jubelrufe des kleinen Königs, als der Papa das Auto parkte, waren schon in der Garage zu hören. Aber nicht nur er erwartete sie, ein ganzes Begrüßungskomitee war gekommen. Neben der Oma aus Ostrach, der Frau von der Sozialstation kam auch der Babysitter extra vorbei, um den kleinen Hexenbesen zu begrüßen. Die Kaffeetafel war gedeckt, es gab den ersten Erdbeerkuchen, und alle waren glücklich, wieder zu Hause zu sein. Zwischendurch glaubte der kleine König seinen Augen nicht zu trauen: Der kleine Hexenbesen, der gerade noch im Krankenhaus gelegen und die Herz-OP hinter sich gebracht hatte, war schon wieder in seinem Element. Sofort begann sie in ihrer Küche Kuchen zu backen, und nachdem die Kaffeetafel aufgehoben war und die Gäste sich verabschiedet hatten, wollte sie ihren Sandkasten einweihen. Es war kaum zu glauben.

In den folgenden Tagen blieb die Mutter wegen der anstehenden Arzttermine zu Hause und der kleine König hoffte, dass sie wieder mehr Zeit für ihn haben würde, doch da hatte er sich getäuscht. Seine Schwester konnte es nicht ertragen, wenn er eine Schmuseeinheit wollte, da sie die Mutter in den Nächten auf der Intensivstation sehr vermisst hatte.

In den folgenden Wochen erholte sich die kleine Prinzessin zusehends und die Königsfamilie genoss den beginnenden Sommer auf der Terrasse. Sie schwelgten in der Erdbeerschwemme, die der Garten bot und freuten sich an den Gästen, die zu Besuch kamen. Diese Gäste waren für den kleinen König ein besonderes Erlebnis, denn sie redeten in Sprachen, die er gar nicht verstand und die sehr lustig klangen. Seine Eltern erklärten ihm, dass sie Englisch oder Indonesisch sprachen, aber er konnte gar nicht aufhören zu lachen.

Die kleine Prinzessin war rechtzeitig aus dem Krankenhaus gekommen, so dass sie ihren Geburtstag zu Hause feiern konnte, und der Geburtstag vom Papa sollte gleichzeitig nachgefeiert werden. Am Tag davor stand für den kleinen König noch ein Kliniktermin in Tübingen an, bei dem die Wirkung der S.W.A.S.H.-Orthese für seine Hüfte überprüft werden sollte. Da die ersten Geburtstagsgäste bereits angereist waren, übernahmen sie die Betreuung der kleinen Prinzessin, damit diese nicht schon wieder Krankenhausluft schnuppern musste. Während der kleine König mit seinen Eltern auf Tour ging, machte sie mit Tante Rita und Onkel Karl aus Worms einen Ausflug.

Was ihn in Tübingen erwartete, wusste der kleine König noch nicht. Beim letzten Termin war ihm eine neue Ärztin angekündigt worden und er fürchtete, dass die Eltern wieder seine ganze bisherige Lebensgeschichte erzählen mussten, doch er wurde positiv überrascht: Die Ärztin war recht nett, wusste schon seinen ganzen Hintergrund und das Gespräch war richtig gut. Einen kleinen Dämpfer gab es, als sie nachfragte, wie lange der kleine König inzwischen sein Korsett pro Tag trug. Die Eltern berichteten stolz, dass er es an guten Tagen bereits 6-8 Stunden anhatte. Die Orthopädin, die dazu kam, machte jedoch sehr deutlich, dass der kleine König dieses Korsett im Prinzip 23 Stunden am Tag tragen müsse, also eine enorme Steigerung nötig sei. Dies würde in drei Monaten kontrolliert. Das waren Aussichten! Sicher, der kleine König spürte, dass es ihm letztlich guttat – aber bei dieser Wärme war es darin schon sehr unangenehm.

Schneller als gedacht waren sie in der Klinik fertig, ließen das Mittagessen ausfallen und fuhren auf direktem Weg nach Hause. Nach einer gemütlichen Kaffeerunde trafen sie die Vorbereitungen für die anstehende Geburtstagsfeier.

Mit diesem Tag wurde die Grillsaison auf der Terrasse der Königsfamilie eröffnet. So oft es das Wetter zuließ, feuerte man den neu erstandenen Grill an und ein Hauch von Urlaub war zu spüren.

In den folgenden Wochen hatte die kleine Prinzessin eine dieser Untersuchungen, die in diesen gelben Kinderheften vorgesehen sind. Dabei bewies sie erneut, dass sie wirklich ein richtiger Hexenbesen war. Der kleine König erfuhr davon erst, als er von der Schule nach Hause kam. Was war geschehen? Gemeinsam mit der Mutter fuhr sie zum Kinderarzt in Pfullendorf. Dort zeigte sie, was sie alles schon konnte, in der einen oder anderen Situation hielt sie sich jedoch dezent zurück. Als sie den Mund öffnen sollte, damit der Arzt die Zähne besichtigen und ihr in den Hals schauen konnte, streikte sie. Der Arzt ließ es gut sein und sie durften nach Hause fahren. Im Auto sagte sie dann so nebenbei: ›Mama, ich hab' ihn geärgert.‹ Die Mutter verstand nicht so recht, was sie meinte, und fragte nach. Da erklärte sie: ›Ich habe den Doktor geärgert, ich hab' nämlich den Mund nicht aufgemacht.‹ Das war doch wirklich ein starkes Stück, fand der kleine König. Hoffentlich bekamen sie nicht Hausverbot, weil seine kleine Schwester sich so unmöglich benommen hatte.

Für den kleinen König ging das erste Schuljahr zu Ende und die kleine Prinzessin war zu einem Schnuppertag im Kindergarten. Am letzten Sonntag vor den Ferien feierte die Schule noch ein Sommerfest. Ab dem Mittag war der kleine König mit seiner ganzen Familie dort. Da war was los! Zunächst suchte sich die Königsfamilie ein schattiges Plätzchen zum Mittagessen. Dann zeigte der kleine König seiner Familie die Weite und die vielen Möglichkeiten des ganzen Schulgeländes und genoss die vielen Spiele, Attraktionen und Gaumenfreuden, die an diesem Tag geboten wurden.

In den nächsten Tagen holten sie das Stehgerät, die S.W.A.S.H.-Orthese, die Ringorthesen und das Rückenlagerungsmodul, die sonst in der Schule waren, nach Hause, damit er die Hilfsmittel in den Ferien nutzen konnte.

Die Eltern überlegten, ob der kleine König so etwas wie ein Zeugnis mit nach Hause bringen würde, aber sie fragten nicht nach und ließen sich überraschen. Am letzten Schultag brachte der kleine König neben einem Geschichtenbuch, dem Gebetbuch, das im Religionsunterricht entstanden war, und seiner Sammelmappe mit all seinen Gemälden aus dem ersten Schuljahr ein großes Ringbuch mit mehreren großen DIN A4 Seiten nach Hause. Darauf war ausführlich beschrieben, was er geleistet, mit seiner Klasse erlebt hatte und wo er Hilfe und Unterstützung brauchte. Außerdem hatten die Lehrerinnen und die Physiotherapeutin darauf ihre Beobachtungen in diesem Jahr festgehalten. Die Eltern sahen das gute Bauchgefühl, das sie damals bei der ersten Besichtigung der Schule hatten, schwarz auf weiß bestätigt. Auch der kleine König fühlte sich sauwohl in seiner Schule, und die Zeit, in denen er schulfrei hatte, wurde für die Eltern zunehmend anstrengender, da er beschäftigt werden wollte.

Nun standen erst mal sechs lange Wochen Sommerferien bevor. Die erste Woche, in der seine Mama noch arbeiten musste, half der kleine König mit seinem PowerLink kräftig in der Küche mit. Gemeinsam mit der kleinen Prinzessin und der Mama zauberte er gute Kuchen. Außerdem besuchte er die Menschen, die ihn immer nur sahen, wenn er krank war und es ihm nicht gut ging. Als erstes schaute er bei seinem Kinderarzt vorbei. Im Gespräch stellte sich heraus, dass der den kleinen König schon lange nicht mehr gesehen hatte. Prinzipiell war das ja ein gutes Zeichen. Da er keine altersbedingten Vorsorgeuntersuchungen mehr hatte, vereinbarten sie, sich einmal im Jahr zu sehen. Danach schaute er bei der Hausärztin der Familie vorbei, auch sie war mit dem Gesundheitszustand des kleinen Königs sehr zufrieden. Die übrigen Tage genossen er und die kleine Prinzessin das lange Ausschlafen, die Terrasse und das Eis-Schlecken.

Dann war es endlich so weit: Die Koffer für fast zwei Urlaubswochen wurden gepackt. Das erste Ziel ihrer Reise war die Verwandtschaft in Worms. Neben Besuchen bei der Oma und Onkel, Tante, Cousin und Cousine in Weinheim, dem Baby-Besichtigen bei einer kleinen Familie über den Dächern von Weinheim, gab es noch eine Überraschung:

Es war der heißeste Donnerstag in diesem August, die Königsfamilie hielt sich nur im kühlen, abgedunkelten Haus oder im Schatten der Bäume im Garten auf und wartete auf den Besuch. Onkel Theo hatte sich angekündigt, dessen Frau vor zwei Jahren verstorben war. Er brachte selbst gebackenen Kuchen mit, und seine neue Freundin Cathrine. Diese Frau sah der verstorbenen

Tante so ähnlich, dass der kleine König zuerst dachte, sie sei wieder da. Doch das war ja nicht möglich, auch ihre Stimme klang ganz anders. Am Abend, als die Hitze erträglicher geworden war, machten sie einen Spaziergang am Rhein entlang. Auf dem Rückweg erhielten sie eine kostenlose Dusche durch einen Rasensprenger, der einen Garten berieselte. Der sanfte Regenschauer entwickele sich zu einer reinen Riesengaudi.

Am nächsten Tag machte sich die Königsfamilie auf den Weg zu einer Tagestour in den hohen Norden. Sie wollten die vier Peters in Eschweiler, die Freunde aus der Reha, besuchen. Die Fahrt wurde zum Abenteuer: Es folgte Baustelle hinter Baustelle und der ohnehin zäh fließende Verkehr wurde zum Stau. Während sie darauf warteten, weiterfahren zu können, regelte die Mutter mit der Orthopädiefirma per Handy die Beantragung des neuen Autokindersitzes für den kleinen König. Als sie endlich mit einiger Verspätung bei den Peters ankamen, war es, als hätten sie sich erst letzte Woche das letzte Mal gesehen. Das Zeitgefühl verschwand und sie genossen den gemeinsamen Tag. Eigentlich hatten sie geplant, am frühen Abend wieder bei Tante Rita in Worms zu sein, doch sie machten sich erst spät am Abend auf den Weg. Es wurde eine Fahrt in die Nacht, doch im Urlaub kann man sich das schon mal leisten.

Nach einigen Tagen hieß es wieder die Koffer packen, denn Martina und Uwe erwarteten sie mit ihren Kindern in der Ferienwohnung vom vergangenen Jahr. Dieses Mal hatten sie nur wenige ›Auswärtstermine‹, und so genossen sie die Zeit mit ihren Freunden bei schönem Wetter und tankten Energie auf.

In die Zeit ihres Urlaubs fiel auch der Geburtstermin des Babys von Tante Sophie aus dem Paradies in Altshausen. Die Königsfamilie hatte jedoch darum gebeten, dass dieses Baby so lange warten sollte, bis sie von ihrer Reise zurück waren. Das kleine Mädchen nahm es sich zu Herzen, wartete vorbildlich und wurde erst in den letzten Tagen vor Urlaubsende geboren. Daher fuhr die Königsfamilie nach ihrer Rückkehr und einer kurzen Stippvisite zu Hause mit einem kleinen Mittagessen gleich weiter nach Ravensburg in die Klinik, um die kleine Dame zu begrüßen. Nach diesen vielen Eindrücken freute sich der kleine König auf sein eigenes Bett und darauf, die letzten Ferientage zu Hause zu genießen.

Bereits im Juli hatten bei ihren Nachbarn Pferde, genauer gesagt Therapiepferde, Unterschlupf gefunden. Der kleine König hatte das mit Interesse verfolgt und beschloss, in seinen letzten Ferientagen dort vorbeizuschauen. Mit der Frau von der Sozialstation hatte er schon erste Kontakte zu den Pferden geknüpft und war, im Gegensatz zur kleinen Prinzessin, gar nicht ängstlich. Er liebte Pferde und am liebsten war er bei den größeren Pferden. Nachdem er sich mit den Pferden gut verstand, vereinbarten die Eltern mit den Nachbarn Pferdetheapiestunden für den kleinen König.

Mit dem neuen Schuljahr bekam der kleine König in seiner Klasse männliche Verstärkung, was ihm sichtlich guttat. Er war hoch motiviert und engagierte sich nach Aussagen der Lehrerinnen gut im Unterricht.

Als er an einem Montag, kurz nach den Sommerferien, nach einem langen Schultag nach Hause kam, erzählten ihm seine Eltern, dass der Opa im Krankenhaus liegen würde und es ihm gar nicht gut ging. Natürlich beteten sie beim Abendritual für ihn und der kleine König ließ es sich nicht nehmen, ihn am Sonntag im Krankenhaus zu besuchen. Zum Glück ging es ihm da schon wieder etwas besser und er freute sich, als der Opa bald danach wieder nach Hause durfte.

Einige Wochen nach Schulbeginn stand für den kleinen König erneut eine Kontrolle in Tübingen an. Nachdem er in den Sommerferien manchmal seltsame Zuckungen im Gesicht hatte, war ein Termin für ein EEG ausgemacht worden. So startete die ganze Königsfamilie am 7. Oktober wieder einmal in Richtung Tübingen.

Während sie warteten, hatte der kleine König eine besondere Begegnung. Mit ihnen im Wartezimmer saß ein älterer Junge, der scheinbar ähnliche Probleme hatte wie er selbst. Er musste immerzu zu diesem Jungen rüber schauen. In der Röntgenabteilung trafen sie sich wieder.

Als er in das Röntgenzimmer hineingebracht wurde, kam dieser Junge gerade heraus und er hörte, wie seine Mama mit der anderen Mutter ins Gespräch kam. ›Klinikzeit ist Wartezeit‹, dachte sich der kleine König, wenn es sein sollte, würde er den großen Jungen nochmals sehen, und er sollte recht behalten. Nach seinem Röntgentermin kamen sie sich im Wartebereich näher. Obwohl sie nicht miteinander reden konnten, strahlten die beiden um die Wette und freuten sich aneinander, während die Mütter sich austauschten. Natürlich hatten sie sich viel zu sagen, doch was da zwischen ihnen geschah, blieb ihr Geheimnis. Der kleine König dachte nach diesem Tag immer wieder gerne an den großen Jungen.

Kurz nach den Herbstferien fand wieder der Elternnachmittag statt. Die ganze Familie ging an jenem Freitagnachmittag in die Schule. Neben guten Gesprächen mit den Lehrerinnen und Therapeuten sahen sie einen Film, der die Eltern wieder darin bestätigte, dass sie damals richtig gewählt hatten. In dem Film stellten die Schüler mit ihren Lehrern verschiedene Unterrichtssituationen vor, und die Eltern bekamen einen Einblick, welch beeindruckende Arbeit die Schule leistete.

Mit den kühlen Herbsttagen fing sich der kleine König eine leichte Bronchitis ein und musste fast eine ganze Woche zu Hause bleiben, um sich auszukurieren. Das gefiel ihm gar nicht, zumal er weder zur Schule noch zu den Pferdetherapiestunden gehen durfte. Der Vater musste all seine Kreativität aufwenden, um seine aufkommende Langeweile zu vertreiben und gleichzeitig die kleine Prinzessin zu betreuen.

Im Laufe des Jahres hatte der kleine König nahezu alle Milchzähne verloren. Zum Glück verbesserte sich die Situation in seinem ›Esszimmer‹. Inzwischen wuchsen dort, wo vorher große Lücken klafften, neue Zähne. Da jedoch ein neuer Zahn wie ein Kuhschwanz wackelte, fürchtete er, sich doch zukünftig ›König Wackelzahn‹ nennen zu müssen. In den Herbstferien besuchte er daher die Zahnklinik, um diesen Zahn ziehen zu lassen. Tapfer ließ er sich auf den Behandlungsstuhl setzen und startete keinen Versuch, dem netten Zahnarzt und den Helferinnen auf die Finger zu beißen. Als er die Betäubungsspritze bekam, vergoss er dennoch ein paar Tränen, da sie sehr weh tat und alles andere als gut schmeckte. Doch danach hatten die anderen neuen Zähne mehr Platz.

Von seinem Orthopäden erhielt er außerdem eine Armschiene aus Plastik, die an seine Hand angepasst war. Diese gab seiner linken Hand, die sich regelmäßig nach innen drehte, eine bessere Haltung. Da mit den Therapeuten vereinbart war, dass er nicht mehr als zwei Hilfsmittel auf einmal tragen musste, akzeptierte er das. Es war nicht nur für ihn selbst anstrengend, regelmäßig mit den Hilfsmitteln beschäftigt zu sein, doch letztlich halfen sie ihm.

Der kleine König wird Lokomotivführer

Der kleine König war inzwischen ordentlich gewachsen und überlegte, ob er sich nun großer König nennen sollte – aber er blieb doch lieber weiterhin der kleine König in seiner Familie.

Einige Zeit vor Weihnachten machten merkwürdige Gerüchte die Runde. Wiederholt hörte der kleine König von einem Chef der Bahn, der die Bahnlinie in der Nähe seines Wohnorts ausbauen wollte. Neugierig versuchte er, mehr zu diesem Vorhaben herauszubekommen, aber bei den Fahrten in die Schule oder zu anderen Terminen sah er weder Bagger noch sonstige Baufahrzeuge im Ort. Und noch etwas Seltsames stellte er fest: Seit einiger Zeit bekam sein Papa regelmäßig abends, wenn er und die kleine Prinzessin zu Bett gingen, Besuch von einem Freund, mit dem er oft bis spät in die Nacht in seiner Werkstatt arbeitete. Was die beiden wohl ausheckten?

Die Lösung dieses Rätsels fand der kleine König unter dem Christbaum. An Heiligabend lag dort ein riesiges

Paket für ihn, aus dem eine Eisenbahn mit einer richtigen Lokomotive zum Vorschein kam. Aber es war keine gewöhnliche Eisenbahn: Gemeinsam mit seinem Freund hatte der Vater das Spielzeug so umgebaut, dass der kleine König sie mit seinem BIGmack steuern konnte. Die Idee hierzu war den Eltern im Gespräch mit den Lehrerinnen gekommen. Der Vater hatte seinen Freund zu Rate gezogen und die beiden schlugen sich die Nächte um die Ohren, um eine komfortable Bedienung zu konstruieren. Mit ihr konnte der kleine König den Zug vorwärts und rückwärts fahren lassen. Außerdem richteten sie es so ein, dass die Lokomotive stehen blieb, wenn er länger nichts machte.

Der kleine König war begeistert und dankbar, dass sich sein Vater und dessen Freund so viel Mühe gemacht hatten. Er nahm die neue Zugstrecke direkt in Betrieb und entwickelte sich in den Ferien zum richtigen Lokomotivführer. Natürlich musste er diese neue Rolle gegen seine kleine Schwester verteidigen, die ebenfalls gerne Lokomotivführerin sein wollte.

Die Arbeit als Lokomotivführer wurde neben Essen und Trinken zur Hauptbeschäftigung des kleinen Königs. Nur ungern ließ er sich auf etwas anderes ein und so passte ihm der jährliche Termin zur Herzkontrolle in Friedrichshafen in der Kinderklinik gar nicht. Da bei der kleinen Prinzessin ebenfalls ein Kontrolltermin anstand, hatten sie einen Doppeltermin bekommen. Da alle Werte in Ordnung waren, durften sie schnell wieder nach Hause.

Das neue Jahr begann wie immer mit vielen Geburtstagsfeiern und Festen. Die Fastnacht feierte der kleine König dieses Mal nur in der Schule, die kleine Prinzessin entschied sich hingegen spontan, als Ente verkleidet zum Kinderball zu gehen. Glücklicherweise war die Mama ein Organisationstalent und zauberte schnell ein entsprechendes Kostüm. Während sie die kleine Prinzessin zum Kinderball begleitete, besuchte der kleine König mit dem Papa seine geliebten Pferde und genoss einen schönen Männernachmittag. Mittlerweile ging er einmal in der Woche zur Reittherapie auf Nachbars Grundstück und führte das kleine Pony aus seinem Rolli heraus an der Leine. Ab und zu durfte er auch mit Unterstützung auf einem Pferd sitzen.

Vor Weihnachten hatten in ihrem Dorf umfangreiche Baumaßnahmen begonnen. Die Bauarbeiter machten sich vor Ort breit und rissen die Straßen auf, und um das Königshaus herum sah es aus, als sei eine Bombe eingeschlagen. Mit dem ersten Schnee zogen sie in die Winterpause ab.

Als der Schnee geschmolzen war, kamen sie mit vielen grünen Autos, Baggern und sämtlichen Maschinen ins Dorf zurück. Für den kleinen König war es jeden Tag ein Abenteuer, auf welchem Weg ihn der Bus zur Schule und nach Hause brachte. Mit der Zeit fragte er sich, weshalb die Straße an der gleichen Stelle immer wieder neu aufgegraben wurde. Ihn faszinierten der Bagger und der ganze Lärm, doch seinen Eltern schien das Ganze nicht zu gefallen. Natürlich sah er, dass es durch den ganzen Matsch und Dreck im Haus schmutzig wurde. Wenn sie von draußen in den Flur kamen, knirschte es unter den Sohlen und unter den Reifen seines Rollis, auch die Autos sahen aus, als seien sie neu eingefärbt worden. Die kleine Prinzessin entwickelte sich derweil zu einem putzfreudigen Hexenbesen und unterstütze den Vater beim täglichen Fegen.

Die Fastenzeit begann, aber da er immer für zu leicht befunden wurde, beschloss der kleine König, kräftig zu essen, um endlich zuzunehmen. In der Schule wurden diese Wochen besonders gestaltet. Die Religionslehrerin überreichte ihm und seinen Klassenkameraden ein Kreuz zum Umhängen. Jeden Donnerstag erarbeiteten sie im Religionsunterricht ein Thema, das am nächsten Tag im Schulgottesdienst wieder aufgegriffen wurde, und jeder bekam zu seinem Kreuz eine passende farbige Perle. Als er nach dem letzten Schultag vor den Osterferien nach Hause kam, brachte er außer dem Kreuz und den Perlen noch ein gestaltetes Bilderbuch zur Ostergeschichte mit.

Vor den Osterferien lud die Lehrerin die Eltern zu einem Gespräch in die Schule ein, das für den kleinen König sehr verheißungsvoll war. Ein Schulkamerad hatte ihm bereits einige Tage zuvor seinen GoTalk 4+ zum Ausprobieren geliehen. Dieses Gerät hatte eine Sprachausgabe und unterstützte ihn beim Kommunizieren.

Der kleine König nutzte die Testphase eifrig und freute sich, als ihm die Eltern nach dem Gespräch berichteten, dass sie diesen GoTalk 4+ beantragt hatten. Die Lieferung dauerte wie immer etwas, aber zu Schulbeginn war der kleine König stolzer Besitzer eines eigenen GoTalk 4+. Endlich konnte er die verschiedenen Nachrichten und Gedichte, die die Lehrerin in der Schule aufgesprochen hatte, abspielen. Aufgrund seiner eingeschränkten Feinmotorik brauchte er für den Wechsel zwischen den Programmebenen zwar Unterstützung, aber er nutzte das Gerät mit Begeisterung, um per Tastendruck die Sprachnachrichten abzurufen und seiner Familie zu erzählen, was er in der Schule erlebt hatte. Selbstverständlich sah die kleine Prinzessin auch dieses Medium als ihres an und sprach ab und zu die aktuellen Nachrichten für die Schule auf.

Bevor die Königsfamilie in die Osterferien startete, stand der Kauf eines neuen Autos an. Vor Weihnachten war die Mutter auf einem schneeglatten Feldweg mit dem Wagen in einen Acker gerutscht und in einer Nacht im Januar machte das Auto nähere Bekanntschaft mit einem Reh. Da der kleine Lupo schon in die Jahre gekommen war, sollte ein neues Fahrzeug angeschafft werden. Für die Eltern war schnell klar, dass auch dieses Auto auf den kleinen König angemeldet werden sollte, doch das sah die kleine Prinzessin nicht ein. Sie wollte endlich einen eigenen Wagen für ihren Fuhrpark. Ohne dass sie es mitbekam, bestellten die Eltern das neue

Auto wieder auf den Namen des kleinen Königs.

Als das neue Auto in den Sommerferien kam, überlegte sich der kleine König, wie er auch der kleinen Prinzessin gehören könnte. Die Mutter hatte denselben Gedanken und ein netter Mann im Landratsamt ermöglichte die Autonummer ›SIG – MT – 265‹. Nachdem die kleine Prinzessin das ›M‹ im Nummernschild entdeckt hatte, war sie hochzufrieden, dass Mama und sie endlich ein Frauenauto besaßen.

Vor Ostern hatte der kleine König wieder einen Termin beim Zahnarzt. Bei dem Gedanken daran wurde ihm ganz flau im Magen. Er erinnerte sich gut an seinen letzten Besuch dort, bei dem ihm der Wackelzahn gezogen wurde, und den ekeligen Geschmack der Betäubungsspritze. Den ganzen Morgen suchte er nach einem Grund, nicht hinfahren zu müssen. Doch diesmal war der Zahnarzttermin gar nicht schlimm. Als er mit seinem Vater nach Hause kam, stellte er fest, dass der Zahnarzt nicht gebohrt und eigentlich gar nichts gemacht hatte. So ließ es sich beim Zahnarzt leben.

Nach Ostern war die Königsfamilie zu den Erstkommunionen seiner Cousins eingeladen. Der kleine König verfolgte die Feiern aufmerksam, um zu sehen, was ihn im kommenden Jahr bei seiner eigenen Erstkommunion erwarten würde.

Bereits bei der Herzkontrolluntersuchung Anfang des Jahres hatten die Ärzte über eine weitere Reha der Königsfamilie in Tannheim gesprochen und entsprechende Anträge bei der Krankenkasse eingereicht. Nachdem sie lange nichts gehört hatten, befürchteten die Eltern schon eine Ablehnung. Umso verwunderter waren sie, als sie kurz nach Ostern ohne weitere Fragen die Genehmigung der Krankenkasse im Briefkasten fanden. Vielleicht hatte sie überzeugt, dass die kleine Prinzessin nach der Herz-OP Erholung nötig hatte und die Eltern zur Erhaltung ihrer Arbeitskraft Unterstützung brauchten. Sie freuten sich riesig, im Mai wieder zu Gast in der Nachsorgeklinik Tannheim zu sein.

Während der Reha stand ein Termin im SPZ in Tübingen an, den der kleine König unbedingt wahrnehmen musste und der sich nicht verschieben ließ. Er sollte zum ersten Mal Botox gespritzt zu bekommen. Natürlich wollte sich der kleine König weder die Lippen aufspritzen oder gar die Falten, die er nicht hatte, wegretuschieren lassen. Mit der Botox-Spritze wollten die Ärzte sein Hüftproblem in den Griff bekommen. Es bestand die Gefahr, dass der obere Kopf des Oberschenkelknochens aus der Pfanne des Hüftgelenks sprang.

Wie diese Spritze genau funktionieren sollte, verstand der kleine König nicht ganz. Die Ärzte hatten seinen Eltern erklärt, dass er das Botox in die Muskeln des rechten Oberschenkels, die sogenannten Adduktoren, gespritzt bekäme. Das Medikament würde den Muskel so weit lähmen, dass er nicht mehr so kraftvoll seine Beine anziehen konnte.

Bevor sie ihre Koffer für Tannheim packten, stand erst noch die goldene Hochzeit der Großeltern an. Der kleine König hatte keinen Schimmer, was sich hinter diesem Begriff verbarg, doch ein Fest war immer gut. Er ließ sich überraschen, ob Opa und Oma in Gold gekleidet sein würden oder einfach nur goldig aussahen.

Die Vorbereitungen für das große Fest waren längst angelaufen. Nach einigen Gesprächen stand fest, dass es zu Beginn einen Dankgottesdienst in Burgweiler geben würde und anschließend im königlichen Festsaal in Ostrach gefeiert werden sollte. Nachdem die organisatorischen Fragen geklärt waren, brauchten Opa und Oma noch die passende Kleidung. Was darüber hinaus an Überraschungen vorbereitet wurde, verriet der kleine König seinen Großeltern selbstverständlich nicht.

Für die ganze Groß-Königsfamilie war dies ein besonderer Tag. Der kleine König merkte, dass der Moment im Gottesdienst, wo der ›Familienpfarrer‹ die Kinder von Opa und Oma, also seinen Papa, seine Tanten und den Onkel nach vorne bat, um beim Segensgebet ihre Hände auf die Hände ihrer Eltern zu legen, alle tief berührte. Danach wurde bei Kaffee, Kuchen und allerlei köstlichen Speisen im Königshaus ausgiebig gefeiert. Es war ein wunderschönes Fest mit vielen Überraschungen und der kleine König sah, wie seine Großeltern strahlten und den Tag in vollen Zügen genossen.

Genau eine Woche nach dem großen Festtag stand die Reise nach Tannheim an. Die Königsfamilie hatte alle Hände voll zu tun, um Koffer zu packen und alles für die Reha zu richten. Die Lehrerin des kleinen Königs gab ihnen einiges an Material für seine Lehrer in der Klinik mit. Schon lange war klar, dass trotz der Packkünste des Vaters das königliche Auto für den Transport aller Personen, des Gepäcks und aller Hilfsmittel nicht ausreichen würde. Daher nahmen sie das Angebot eines Freunds der Familie, die Frauen der Königsfamilie mit dem restlichen Gepäck nach Tannheim zu chauffieren, dankbar an. Wie beim letzten Mal hatten liebe Freunde zugesagt, für eine Woche das Haus zu hüten und nach Hof und Garten zu schauen.

Nachdem alles verstaut war, ging die Reise los. Da die Königsfamilie wusste, was sie erwartete, war es für sie fast ein Nachhausekommen. Mit der Aufnahmeuntersuchung starteten sie entspannt in die Reha.

Alles, na ja fast alles war wie immer. Ein paar Unterschiede gab es. Zum einen war die kleine Prinzessin diesmal die Patientin und alle anderen nur Begleitpersonen. Doch mit Blick auf den ersten Terminplan konnte man meinen, der Patient sei der kleine König.

Seine kleine Schwester wurde der Schneckengruppe, also dem Kindergarten, zugeteilt, und da sie ansonsten fit war, sollte sie lediglich noch Sport belegen. Das tat sie auch. Zu Beginn war sie zwar etwas vorsichtig, doch schon nach wenigen Tagen zeigte sie, dass sie laut sprechen konnte und ihren Dickkopf hatte. Wenn der kleine König seine Hauptmahlzeiten im Appartement zu sich nahm und das Wetter es zuließ, übte sie fleißig auf ihrem Laufrad.

Sein eigener Terminkalender war so voll, dass seine Eltern manchmal ordentlich schwitzten, um alles unter einen Hut zu bringen. Er gehörte zur Schildkrötengruppe, doch die Kinder sahen ihn dort nur, wenn er frei hatte. Das war recht selten: Dreimal in der Woche hatte er Physiotherapie, einmal Reittherapie, zweimal Ergotherapie und als Schulkind täglich Schule. Die Schule war für ihn das Nonplusultra. Zwischen ihm und seinem Lehrer war es Liebe auf den ersten Blick. Dieser verstand es, ihn zu begeistern und zu motivieren. Als er entdeckte, dass der kleine König den Snoozelraum besonders mochte, sorgte er dafür, dass er mindestens ein Mal in der Woche mit ihm oder der Ergotherapeutin dorthin ging.

Snoozeln kommt aus dem Holländischen und meint, dass man in einem abgedunkelten Raum zur Ruhe kommen kann und mit Lichtspielen, Wassersäulen, Klangbett oder Wasserbett und entspannender Musik die Zeit genießt. Natürlich wurden die Eltern und die kleine Prinzessin neugierig, und so durften sie alle gemeinsam diesen Raum erleben.

Selbstverständlich gehörte auch die Reittherapie zu den Lieblingsterminen des kleinen Königs und als er zum ersten Mal unterstützt von einer Person, die hinter ihm dem Pferd saß, reiten durfte, wusste er, dass er in dieser Reha den Glückstreffer gezogen hatte.

Neben allen Anwendungen nutzte die Königsfamilie so oft wie möglich das Schwimmbad. Im Laufe der Tage entdeckten sie die optimale Zeit, in der sie das Schwimmbad fast für sich alleine hatten.

Zwischendurch fuhren sie nach Tübingen, wo der kleine König die Botox-Spritze bekam. Ganz geheuer war ihm das nicht, aber schon einige Tage nach dieser Spritze spürte er deutlich, dass er sich mit seinen Beinen besser bewegen konnte als sonst. Dann hat es sich wohl doch gelohnt.

Die Königsfamilie genoss die Reha in vollen Zügen und schaltete so richtig ab. Da der kleine König und die kleine Prinzessin nicht gewohnt waren, in einem Zimmer zu schlafen, brauchten sie einige Zeit, sich daran zu gewöhnen. Die Eltern machten aus der Not eine Tugend und brachten die kleine Prinzessin erst ins Bett, wenn der kleine König schon eingedöst war. Für die kleine Schwester war es natürlich ein ›Bonbon‹, dass sie länger aufbleiben durfte. An diesen Abenden lernte sie UNO spielen und konnte ziemlich bald die Mutter raffiniert austricksen.

Die Tage flogen nur so dahin. Die Eltern nutzten die Zeit, um für sich selbst etwas zu tun und knüpften neue Kontakte in der Elterngruppe für besondere Kinder.

Am Abend saßen sie mit anderen Ehepaaren in der Cafeteria oder in der Kaminecke und unterhielten sich. Außerdem besuchten sie fast jeden zweiten Tag den Trainingsraum, der kleine König konnte ihre Muskeln fast wachsen sehen. Diesmal feierte der Vater seinen Geburtstag in der Reha. Alle Geheimhaltungsvorsätze der kleinen Prinzessin, nicht zu verraten, was für ihn eingepackt worden war, liefen fehl.

An einem Tag wurden sie während des Frühstücks von einer traurigen Nachricht überrascht: Der Sohn von Tante Roswitha in Furthof, den sie noch bei der goldenen Hochzeit getroffen hatten, war am frühen Morgen gestorben. Er litt seit Geburt an einer Stoffwechselerkrankung, und die Ärzte hatten ihm kein langes Leben vorhergesagt. Sicher wussten sie, dass es ihm jetzt besser ging, doch der Schmerz, dass er nicht mehr da war, war groß. Da in der Reha ein Junge mit der gleichen Krankheit war, hatten sie oft an ihn gedacht. Sie konnten nichts anderes tun, als alle ins Abendritual mit aufzunehmen und ihnen so Kraft zu schicken. Ihr Lieblingspsychologe fürchtete bereits, dass sie nie mehr nach Tannheim kommen würden, da bei jedem Aufenthalt eine Beerdigung anstand. Davor hatte die Königsfamilie jedoch keine Angst. Sie waren froh, dort Zeit und Ruhe zu finden, ihren eigenen Bedürfnissen nachzugehen, in sich hineinzuhorchen und sich neu zu erden.

Die Eltern wägten die verschiedenen Möglichkeiten ab, in welcher Weise sie an der Beerdigung teilnehmen konnten. Nach langem Überlegen beschlossen sie, allein zu fahren und die Kinder in der Klinik zu lassen. Da nach dem Beerdigungstag die Reha nur noch wenige Tage dauerte, nahmen sie das Hilfsmittel mit nach Hause, das im Auto am meisten Platz brauchte. Damit war gewährleistet, dass sie für die Heimreise kein zweites Auto brauchen würden.

Rechtzeitig zum Abschlussfest wurde das Wetter gut, und es konnte auf der Dachterrasse gefeiert werden. Am nächsten Morgen stand die Abreise an. Da die Königsfamilie schon gepackt und geladen hatte, fuhren sie direkt nach dem Frühstück los. Am späten Vormittag kamen sie zu Hause an. Mit der Rückkehr wurde das Wetter immer besser, so dass die ganze Wäsche, die sie aus der Reha mitgebracht hatten, am Abend schon wieder gewaschen und gebügelt in den Wäschekörben lag.

Den nächsten ganzen Tag verbrachten sie auf der Terrasse. Der kleine König packte seine Schulsachen für Zußdorf und alles, was aus Tannheim mit in die Schule musste, ein. Dabei stellte er fest, dass der Blick aus dem Küchenfenster auf die Straße, wo jeden Morgen der Bus kam, durch einen Bauwagen des Bautrupps versperrt wurde. Niemand hatte gefragt, ob der dort stehen dufte. Der ganze Ort wurde bereits von dem Grün der Baufahrzeuge und allem, was die Bauarbeiter so abstellten, beherrscht. Die Königsfamilie entschloss, sich darüber nicht aufzuregen, und ließ sich überraschen, wie es mit den Baustellen weiter gehen würde.

Kurz nach ihrer Rückkehr hatte der kleine König wieder einen Termin in Tübingen. Die Ärzte wollten seine Reaktion auf die Botox-Spritze überprüfen. Es war ein heißer Tag und als die Tür zum Wartezimmer aufging, dachten sie, eine Halluzination zu haben. Vor ihnen stand eine Mami aus der Reha, die mit ihrem Sohn ebenfalls einen Kontrolltermin in der Klinik hatte. Das war eine nette Überraschung und die Wartezeit war fast zu kurz, da es viel zu erzählen gab.

Der kleine König gewöhnte sich schnell wieder an den Schulalltag. Nach dem Schulausflug zum Kinderfest in Weingarten, den er sehr genoss, stand am letzten Sonntag vor den Ferien das Jubiläums-Sommerfest der Schule an. Aufgrund des Schuljubiläums war es dieses Jahr anders gestaltet, doch es war wunderschön. Es begann bereits am Freitagabend mit einem Bandfestival. Der kleine König war etwas traurig, dass er selbst nicht mit hingehen durfte, da es seine Schlafenszeit war. Doch seine Mutter kam voller Begeisterung von dem Fest nach Hause. Während seine Mutter beim Sommerfest als Elternbeirätin beim Kuchenverkauf mithalf, lag er gemütlich unter einem Baum und genoss die Sonne. Die kleine Prinzessin probierte hingegen mit Freude verschiedene Spiele und Geräte aus.

Die Ferien begannen mit einer Neuheit: Seine Eltern hatten ihn zu einer Ferienbetreuung, die seine Schule in den Räumen seines früheren Kindergartens anbot, angemeldet. Der kleine König war sehr gespannt und fuhr in den ersten beiden Ferienwochen an jedem Werktag dort hin. Da er einen anderen Jungen aus seiner Kindizeit kannte, hatte er keine Eingewöhnungsprobleme. Das Angebot gefiel ihm so gut, dass er auch im folgenden Schuljahr einmal im Monat in der Schatzinsel zur Mittagsbetreuung fuhr.

In den Ferien richteten die Eltern im Königshaus außerdem einen eigenen Snoozelraum ein, den der kleine König in der Reha so genossen hatte. Sicher war es nicht ein High-Tech-Raum wie in Tannheim – so viel Geld wollte die Königsfamilie nicht ausgeben - aber verschiedenartige Leuchtmittel, die die Farbe wechseln, und gute Entspannungsmusik, das musste sein. Da an allen Fenster Rollläden angebracht waren, stand der Verdunkelung des Raumes nichts im Wege. Nachdem der Raum fertig war, nutzten die Kinder die Tage, an denen es kühl und regnerisch war, mit ›Snoozeln‹. Auch die Übernachtungsgäste des Hotels Krone nutzten diese schöne Möglichkeit zum Ausspannen. Der kleine König hörte seiner Schwester während des Snoozelns aufmerksam zu, wenn sie philosophische Gespräche über den Himmel und wie es darin wohl aussah und was es da alles gab, führte. Gerne hätte er seine Meinung dazu beigetragen, doch im Tiefsten stimmte er den Weisheiten und Vorstellungen der kleinen Prinzessin zu diesem Thema zu.

Bevor die Schule wieder los ging, wollte der kleine König als erfahrener Lokomotivführer ausprobieren, wie es ist, mit einem richtigen Zug zu fahren. An einem sonnigen Tag machte sich die ganze Königsfamilie mit dem Auto auf den Weg nach Aulendorf, um dort mit dem Zug nach Friedrichshafen zu fahren. Als der Zug einfuhr, staunte der kleine König nicht schlecht: Eine fremde Frau half dem Vater, seinen Rolli in den Waggon zu heben. In Friedrichshafen erwartete ihn ebenfalls ein Mitarbeiter der Bahn, der ihm mit dem Rolli aus dem Zug half. Das war doch mal ein Service!

Den Ausflug hatten die Eltern mit einem Besuch bei ihrem Steuerberater in Friedrichshafen verbunden. Weshalb dieser Mensch Steuerberater hieß, konnte sich der kleine König nicht erklären, denn er hatte kein Lenkrad in der Hand. Dauernd wurde über irgendwelche Belege und Unterlagen gesprochen. Das war recht langweilig. Mit etwas Quengeln sorgte er dafür, dass sich die Eltern nicht auf eine Tasse Kaffee niederließen.

Danach ging der Ausflug richtig los. Sie spazierten am Bodenseeufer entlang bis zur Promenade - er ließ sich natürlich schieben - wo sie erst mal genüsslich zu Mittag aßen. Da sie keinen weiteren Urlaub geplant hatten, schrieb die Königsfamilie von hier ein paar Ansichtskarten. Ihre Grüße fielen dabei recht kurz aus, denn die kleine Prinzessin hatte in der Zwischenzeit gelernt, ihren eigenen Namen zu schreiben, doch dafür brauchte sie noch eine Menge Platz.

Nach dem gemütlichen Mittagsmahl am See und dem obligatorischen Schleckeis machten sie sich so langsam auf den Weg. Ein spezieller Brunnen in der Fußgängerzone von Friedrichshafen - für den kleinen König musste es eigentlich Rolli-Zone heißen - hatte es der kleinen Prinzessin angetan. Direkt aus dem Boden, wo man gleichzeitig drüber laufen konnte, kamen kleine Fontänen oder wie man dieses Wasser, das daraus spritzte, bezeichnete. So konnte es sein, dass sie sich in Sicherheit fühlte und hinunterbeugte, und Schwupps kam das Wasser und die Hose war nass. Natürlich musste sie ihre Hose ausziehen und durfte – was dem kleinen König fast peinlich war – in der Unterhose rummarschieren, aber der Hexenbesen der Königsfamilie konnte nicht genug bekommen. Es dauerte nicht lange, da war auch die Unterhose pitschepatschenass.

Während sie sich mit Papa König am Brunnen vergnügte, beobachteten der kleine König und seine Mama den Zeppelin NT, der sich über ihren Köpfen bewegte und die vielen Menschen, die durch die Fußgängerzone liefen. Am späteren Nachmittag machten sie sich wieder auf den Weg zum Bahnhof, wo sie den nächsten Zug nahmen. Der kleine König, der durch die Hinfahrt wusste, wie echtes Zugfahren abläuft, hatte eine Riesengaudi auf der Rückfahrt. Jedes Mal, wenn der Zug anhielt - Tür auf, Leute raus, Leute rein, Tür zu und anfahren - brach er in ein Gelächter aus, so dass die Königsfamilie richtig auffiel. Gerne wäre er noch länger mitgefahren, doch als sie an dem Bahnhof ankamen, wo sein Auto auf ihn wartete, hieß es aussteigen.

Die Ferien vergingen wie im Flug. Bevor die Schule wieder startete, wurde im königlichen Festsaal in Ostrach der 80. Geburtstag seiner Oma gefeiert.

Kurz vor Schulbeginn besuchte der kleine König die Hausärztin. Da seine kleine Schwester unbedingt dabei sein wollte, fuhr sie mit – und das war gut so. Bei ihm selbst war alles im grünen Bereich. Nebenbei erzählte seine Mama der Ärztin, dass es im Kindi seiner kleinen Schwester kleine Krabbeltiere gab, sie aber nicht recht wusste, wonach sie schauen musste. Daraufhin untersuchte die Ärztin auch die kleine Prinzessin. Nachdem sie bei genauer Inspektion des Kopfes Läuse fand, verordnete sie der ganzen Königsfamilie eine ›Kur‹, die nach neun Tagen wiederholt werden musste. Zu Hause angekommen, wurden Kind und Kegel zunächst einbalsamiert und danach folgte eine große Waschaktion. Von diesem Tag an war für eine Weile ein spezieller Kamm ein treuer Begleiter. Im Internet fand der Vater eine Seite, auf der sie sich diese Krabbeltiere ansehen konnten. Allein nur beim Anschauen juckte es den kleinen König schon wieder am Kopf.

Der Schulbetrieb begann mit einer Neuheit: Mit der Schatzinsel bot die Schule für externe Schüler wie den kleinen König einmal im Monat eine Mittagsbetreuung an. Das nahm er natürlich gleich an, zumal er ja den netten Mann, den er für den Chef der Schatzinsel hielt, schon kannte.

Wenige Wochen nach Schulbeginn begannen die Vorbereitungen für den nächsten Elternnachmittag. Es wurde geschmirgelt, gemalt und Stroh gebunden. Die Ergebnisse bestaunten die Eltern beim Elterntag. Die Kinder hatten Igel gebastelt, die gut in die Jahreszeit passten. Seither bewachte der Igel des kleinen Königs die königlichen Blumentöpfe. Da Onkel Tom aus Weinheim an dem Tag zu Besuch kam, nahm auch er an dem Elterntag teil. Bei der Besichtigung der Schul- und Therapieräume staunte er nicht schlecht, was es da alles gab und wie dort gearbeitet wurde.

Bei einem Gespräch mit der Religionslehrerin erhielten seine Eltern außerdem die Zusage, dass eine Erstkommunionvorbreitung für die Kinder in der Schule stattfinden würde. Das waren gute Aussichten, fand der kleine König. Eigentlich würde das für ihn eine Art Zweit-Kommunion, denn er erinnerte sich schwach, dass ihm vor vielen Jahren vor seiner Herz-OP der Pfarrer ein kleines Stück von der Hostie in den Mund gelegt hatte.

Eines Nachmittags kam die kleine Prinzessin nach Hause und erzählte begeistert, dass sie nun Fahrrad fahren könne. Zunächst wollte ihr keiner glauben, doch es stimmte. Sie hatte sich einfach das Fahrrad des Nachbarjungen geschnappt und war losgefahren. Wahrscheinlich waren es die vielen Übungsstunden auf dem Laufrad, die ihr den schnellen Umstieg erleichterten. Alle waren begeistert, und es war klar, dass sie nun schnell ein eigenes Fahrrad brauchte. Bei der großen Königsfamilie war schnell ein passendes Rad, das jemandem zu klein geworden war, gefunden und geliefert. An schönen Tagen radelte die stolze Fahrradbesitzerin bald bis in den Kindi nach Burgweiler.

Im Ort herrschte immer noch eine Art Buckelpistenzustand. Als er an einem Freitag von der Schule nach Hause kam, erlebte der kleine König seinen Vater in großer Aufregung. Er hatte sogar total vergessen, Mittagessen zu kochen und die kleine Prinzessin vom Kindi abzuholen. Was war geschehen? Der Vater hatte am Morgen die Gemeindeverwaltung besucht, um einige Dinge abzuklären. Dort wurde ihm gesagt, dass die geteerte Straße über das königliche Grundstück verlaufen sollte, doch richtig Bescheid wusste keiner. Der kleine König verstand die ganze Sache nicht wirklich, doch dass sein Vater in wenigen Tagen um einiges leichter geworden war und die Hose schier verlor, zeigte ihm, dass es wichtig war.

Kurze Zeit später kam Tante Rita aus Worms mit dem Zug und nahm seine kleine Schwester auf ›Ferien‹ mit. Der kleine König freute sich, dass er Papa und Mama zwei Tage für sich allein hatte. Er konnte es gar nicht glauben, dass es solche Zeiten gab. Einerseits genoss er die volle Zuwendung seiner Eltern, doch wenn er ehrlich war, vermisste er diesen Wirbelwind, wenn er nicht da war. Es war dann eben sehr still im Haus. So war er nicht böse, als seine Mutter am zweiten Tag in aller Frühe losfuhr, um am Abend mit dem kleinen Hexenbesen wieder nach Hause zurückzukehren. Er freute sich, ihn wieder bei sich zu haben.

In den Herbstferien standen für den kleinen König wieder Besuche beim Zahnarzt und Augenarzt an. Nach der Untersuchung seiner Zähne vereinbarte der Zahnarzt mit den Eltern, dass sie für ihn einen Termin in der Zahnklinik ausmachen sollten. Dort würde, während er kurz und fest schlief, ein Foto von seinen Zähnen, die noch nicht da waren, gemacht. Der kleine König fragte sich, wie das möglich wäre.

Der kleine Hexenbesen sorgte regelmäßig dafür, dass der Adrenalinspiegel der Eltern stieg. Einmal rutschte sie beim Rumturnen ab und trug einen Wackelzahn davon, für den es noch viel zu früh war. Kurze Zeit später - der kleine König war in der Schule und sah die Bescherung erst, als er nach Hause kam - war sie mit dem Fahrrad unterwegs und bremste unfreiwillig mit ihrer linken Backe. Die total verschürfte Backe wurde immer dicker und war nicht gut anzuschauen. Nachdem der kleine Hexenbesen so still war, nichts essen und nichts trinken konnte oder wollte, machte sich der kleine König Sorgen.

Zwei Tage später saß sie jedoch schon wieder auf ihrem Fahrrad, und nur die Krusten auf der Backe erinnerten an das Missgeschick.

Der kleine König und seine Eltern hatten gehofft, dass sie auf diese Weise etwas ruhiger würde, doch da hatten sie weit gefehlt. Ihr Forschungsdrang kannte nach wie vor keine Grenzen. Ihr nächstes Experiment lautete: Passt eine Bügelperle in die Nase oder nicht? Das Ende dieses Versuches mündete in einen Besuch beim Arzt. Nachdem Freitagabend war, startete die Mutter, die sich auf einen geruhsamen Abend gefreut hatte, mit der Kleinen zum eine Stunde entfernten HNO-Arzt in Albstadt, um die Bügelperle entfernen zu lassen. Manchmal hatte der kleine König die Vermutung, dass seine kleine Schwester alles im doppelten Maß erleben musste, was ihm nicht so möglich war. Doch es ging zum Glück immer gut aus.

Der kleine König und sein großes Fest

Kurz vor Weihnachten erreichte die Königsfamilie eine traurige Nachricht: Die Weinheimer Oma, die erst kurz zuvor im Krankenhaus lag und auf dem Weg der Besserung war, war gestorben. Diese Nachricht brachte die ganze Familie erst mal aus dem Rhythmus. Einen Tag vor Heiligabend fuhren die Eltern zur Beerdigung der Oma nach Weinheim, während die Königskinder mit der Frau aus der Sozialstation und der Cousine des Vaters einen ruhigen Tag verbrachten. Nachdem sie mit den beiden so viel erlebt hatten, verschliefen sie die Heimkehr der Eltern.

Am nächsten Morgen begannen die Vorbereitungen für Weihnachten. Bevor sie das Dekorieren des Wohnzimmers in Angriff nahmen, dachten sie alle noch mal an die Oma und sie suchten für ihr Foto einen passenden Platz. Dann wurde der Christbaum geschmückt, die bestellten Einkäufe abgeholt und langsam entwickelte sich ein Hauch von verhaltener Weihnachtsfreude.

An diesem Heiligen Abend war so manches anders. Wegen des großen Schneegestöbers fuhr der kleine König am späten Nachmittag nicht mit in die Kirche, sondern blieb mit Tante Rita zu Hause. Seine Mama hatte Dienst bei der Krippenfeier und wurde vom Papa und der kleinen Prinzessin, die dabei sein wollten, begleitet. In der Zwischenzeit deckte er mit Tante Rita den Tisch für das Abendessen. Irgendwie musste er wohl einen Augenblick unaufmerksam gewesen sein, denn plötzlich standen die Geschenke vom Christkind unter dem Christbaum, ohne dass er es gesehen hatte. Nachdem seine Familie aus der Kirche wieder zurück war, aßen sie gemütlich zu Abend und machten Bescherung. Der kleine König bekam einen ICE für seine Eisenbahn und pflegte sein Lokomotivführersein.

Am nächsten Tag trafen sich alle Königsfamilien im Königshaus, um gemeinsam das Weihnachtsfest und den Geburtstag von Tante Rita zu feiern. Zum zweiten Feiertag bekamen sie Besuch aus Weinheim. Nach der Beerdigung der Oma hatten die Kinder von Onkel Tom spontan beschlossen, die Tradition, sich um Weihnachten herum zu treffen, beizubehalten. Nach einem guten Mittagessen gingen sie in der wunderschönen, eiskalten Winterlandschaft spazieren. Manche Spaziergänger werden sich über die vielen Schneeengel am Wegesrand gewundert haben, die die kleine Prinzessin gemeinsam mit ihrer Cousine und ihrem Cousin in den Schnee zauberten. Um auch etwas Aufmerksamkeit zu bekommen, ließ der kleine König ab und an einen Handschuh auf den Weg fallen. Selbstverständlich spurtete jemand wieder zurück und brachte ihm den Handschuh, damit er keine Eiszapfen an den Fingern bekam.

Die Ferien waren schneller vorbei, als es dem kleinen König recht war. Schlafen, schmusen, spielen, Besuch erhalten und Besuche machen, genoss er sehr. Dazwischen hatten sie in der alten Tradition das Neue Jahr begrüßt, was er wie immer verschlafen hatte.

An einem schönen milden Samstag im Januar besuchten sie ihren Nachbarn zum Geburtstag. Der war schon längere Zeit krank und hatte Fieber, das nicht weggehen wollte. Als Geschenk brachten sie ihm einen großen Vitamincocktail mit und versprachen ihm, für ihn zu beten, damit es ihm endlich besser ging. Nach einer Tasse Kaffee verabschiedeten sie sich wieder, und weil das Wetter so mild war, machte die Königsfamilie einen kleinen Spaziergang. Die kleine Prinzessin hatte ihr Fahrrad dabei und fuhr den Eltern und dem kleinen König davon. Ihre Begründung: Ich muss am Kreuz für den Nachbarn beten, damit er gesund wird. Das Versprechen nahm sie sich sehr zu Herzen. Am Abend, die Mutter wollte noch die Vorabendmesse besuchen, bestand sie darauf mitzukommen, denn sie hatte ja versprochen zu beten. Das tat sie dann auch kräftig. Wenige Tage später bekamen sie die Nachricht, dass der Nachbar zwar im Krankenhaus lag, doch das

Fieber schon vorher verschwunden war. Dieses Erlebnis war für die Königsfamilie prägend. Immer wieder versprachen sie, jemand ins Abendritual aufzunehmen, nicht nur in Sachen Krankheit, sondern in allen Lebenslagen. Sie wussten nicht, ob nur die kleine Prinzessin oder die ganze Königsfamilie einen besonderen Draht nach oben zum obersten Chef von der Mutter hatte, sie machten einfach alle Anliegen zur Chefsache, und das schien zu wirken.

Im Mai stand ein großes Fest für den kleinen König an, worauf er sich gut vorbereitete: die Erstkommunion. An einem Freitagmorgen fiel in der Schule der Startschuss. Die fünf Jungs aus der Grundstufe wurden im Schulgottesdienst vorgestellt. Alle freuten sich mit ihnen, und manch eine Mama wischte schon an diesem Tag vor Rührung die erste Träne weg. Dann begann eine intensive Zeit. Jeden Donnerstag wurden im Religionsunterricht Themen bearbeitet, die für die Erstkommunion wichtig waren.

In diesen Wochen wurde auch das neue Korsett für den kleinen König geliefert. Er fragte sich, ob das wirklich nötig sei, und hätte gut darauf verzichten können. Doch seine Physiotherapeutin, die Ärzte in Tübingen und alle anderen machten ihm deutlich, dass es eben nötig war. Der Kontrolltermin in Tübingen zeigte deutlich, dass er dieses Teil brauchte und es ihm eine Hilfe war. Also ergab er sich in sein Schicksal. 23 Stunden am Tag schaffte er natürlich nicht. In der Schule hielt er zwar tapfer durch, zu Hause hingegen brauchte er nur lang genug meckern, dann hatten seine Eltern oder die, die ihn gerade betreuten, Erbarmen mit ihm. So schlängelte er sich mehr oder weniger durch die Stunden, in denen er sein Korsett trug.

Kaum hatte er sich an dieses neue Teil gewöhnt, war eine Klinikwoche angesagt. Am einen Tag musste er nach Tübingen, am nächsten Tag stand die jährliche Herzkontrolle beider Königskinder in Friedrichshafen an. Dieses Mal durfte der kleine König zumindest bis zum Mittagessen in der Schule bleiben, dann wurde er mit seinem Auto vom königlichen Rest abgeholt. Der kleine König wusste, dass er die nette Ärztin dieses Mal nicht treffen würde, da sie ein Baby bekommen hatte. Umso erstaunter war die Königsfamilie, als ihnen beim Empfang die Ärztin samt Baby über den Weg lief. Sie begrüßten sich, gratulierten ihr zu dem neuen Erdenbürger und freuten sich, ein vertrautes Gesicht zu treffen. Der Vertretungsarzt ließ nicht lange auf sich warten, und innerhalb einer Stunde waren beide Kinder von Kopf bis Fuß und vor allem auf das Herz geprüft. Der neue Arzt war voll des Lobes über ihre positiven Operationsergebnisse und ihren Zustand. Er machte deutlich, dass dies nicht selbstverständlich sei. Den Eltern fiel noch mal ein Stein vom Herzen, als er ihnen das so deutlich machte. Beim Abendritual am Ende dieses Tages schickten sie ein dickes Danke zum Himmel.

Ende Februar stand der Termin in der Zahnklinik an. Ob dies wirklich sein musste, fragte sich der kleine König. Sein Lachen war doch schön genug. Früh und ohne Frühstück verließ er mit seinen Eltern das Haus, weil sie schon kurz nach Mitternacht in der Zahnklinik sein sollten. Ihm war etwas mulmig zu Mute. Eine Zahn-OP war geplant, bei der der Zahnarzt ihm zwei Zähne ziehen wollte, damit seine neuen Zähne gut herauswachsen konnten. Dass er dabei in einem tiefen Schlaf versetzt werden sollte und so verpasste, wie von seinem Kiefer eine ›Panoramaaufnahme‹ gemacht wurde, gefiel ihm gar nicht. Das Fotografieren seiner Zähne hätte er gerne gesehen.

Papa und Mama tranken in der Zeit Kaffee und warteten, bis er fertig war. Obwohl sie diese Wartezeiten bereits kannten, waren seine Eltern beunruhigt, ob er die Narkose vertragen und alles gut gehen würde.

Die Operation dauerte nicht lange. Nachdem er aus seinem Schlummer wach wurde, durfte er das erste Wasser trinken und kurz darauf konnten sie nach Hause fahren. Dort angekommen, gab es eine Kleinigkeit zum Essen, und da alles gut zu sein schien, fuhr seine Mutter am Nachmittag in die Arbeit. Auch am Abend ging es dem kleinen König noch gut und alle freuten sich, den OP-Tag gut überstanden zu haben. Doch während sein Vater beim Chor war, begann der kleine König unruhig zu werden. Irgendetwas quälte ihn. Seine Mutter wusste ihm nicht zu helfen, da er ja nicht sagen konnte, was los war. Nachdem sie zweimal sein Bett abgezogen hatte, war klar, was ihn quälte. Irgendwie hatte er seine Narkose erst am Abend ›verdaut‹.

Um sicher zu gehen, dass es kein Infekt war, durfte - oder besser gesagt - musste er einen Tag zu Hause bleiben. Damit seine Eltern nicht wieder auf so eine verrückte Idee kämen, ihn nicht in die Schule zu lassen, zeigte er ab dem späten Vormittag deutlich, dass ihm nichts fehlt. Wenn er schon daheimbleiben musste und nicht zum Kochunterricht durfte, dann wollte er beschäftigt werden. Seine Eltern waren froh, dass er am folgenden Tag wieder in die Schule gehen konnte. Nachdem er alles gut überstanden hatte und keine weiteren Klinikbesuche anstanden, freute er sich auf neue Abenteuer.

Genau eine Woche nach seiner Zahn-OP verabschiedete sich seine Mutter für fast eine ganze Woche. Sie wollte nach einer Tagung in Freiburg für fünf Tage in Exerzitien gehen. Der kleine König konnte sich darunter nichts vorstellen und hoffte, dass dies nichts Schlimmes sei. Der Gedanke, seine Mutter so lange nicht zu sehen, war schon gewöhnungsbedürftig. Er hatte aber den Eindruck, dass es für seine Mutter genauso war. Trotzdem ließ sie ihre Männer mit der kleinen Prinzessin allein zu Hause.

In den folgenden Tagen stellte der kleine König verwundert fest, dass das Leben daheim fast wie immer verlief. Obwohl seine Mutter nicht wie sonst regelmäßig anrief, ging die Zeit rasch vorbei. Nachdem in diese Woche der ›schmutzige Dunschtig‹ fiel, wurde in der Schule und im Kindi viel geboten.

Schneller als gedacht war die Mutter wieder zu Hause. Dort erwarteten sie die Männer und die kleine Prinzessin mit Neuigkeiten. Es hatte sich Besuch angemeldet und sie sollte erraten, wer da kommen wollte. Alle Vorschläge, die sie machte, wurden verneint. Die Überraschung war gelungen: Die ›Stadtmäuse‹ Theo und Cathrine wollten bei den ›Feldmäusen‹, den Königs, Rosenmontag feiern. Sie verbrachten gerade ein paar Urlaubstage am Bodensee und freuten sich auf ein Wiedersehen. Sie staunten nicht schlecht über die ›kleine‹ Königshütte und das, was so dazugehört. Bei eiskaltem Wind und herrlichem Sonnenschein machten sie gemeinsam einen Spaziergang rund ums Dorf. Die Zeit verging wie im Flug, und die kleine Prinzessin wäre fast mit ihnen weggefahren, so lieb hatte sie ihren Onkel und Cathrine an diesem Nachmittag gewonnen.

Es wurde Frühling und allmählich rückte sein Geburtstag in greifbare Nähe. Der kleine König wunderte sich: Geburtstag, bevor der Osterhase kommt – dass gab es noch nie!

Der Osterhase wurde gejagt und gleichzeitig der runde Geburtstag seiner Tante Hildegard gefeiert. Zwischen seinen Ostereiern fand der kleine König ein Geschenk, das ihm neben der Tätigkeit als Lokomotivführer eine weitere Aufgabe einbrachte: Er durfte sich von nun an Herrscher einer Seifenblasenmaschine nennen. An schönen Outdoortagen produzierte er zu seinem Vergnügen und zur Freude aller, die am Haus vorbeiliefen, mit Hilfe seines Power-Links Seifenblasen auf der Terrasse.

Für den kleinen König ging es nun mit großen Schritten auf seinen Erstkommuniontag zu. In der Schule wurde die Feier intensiv vorbereitet, und oft brachte er sein Vorbereitungsbuch mit nach Hause, um darin etwas zu bearbeiten. Auch zu Hause begannen die Vorbereitungen für die Feier. Einladungen wurden gebastelt, die er mit seinem Fingerabdruck unterschrieb, Tische und Stühle, die sie ausleihen wollten, wurden reserviert. Das Essen auszuwählen war gar nicht einfach, doch rückblickend trafen sie genau die richtige Wahl. Auch etwas zum Anziehen lag schon im Schrank bereit. Was sollte dann noch schief gehen?

Die Vorzeichen für das Fest waren gut. Der Gottesdienst sollte am Sonntag um 14 Uhr stattfinden, das war eine optimale Zeit, fand der kleine König. Nur wenige eingeladene Gäste hatten abgesagt. Immer wieder hatten die Lehrerinnen in der Schule und die Eltern zu Hause mit ihm geübt, wie er das heilige Brot empfangen konnte. Überraschenderweise klappte es recht gut. Der kleine König spürte die Anspannung und gab sich größte Mühe, da er wusste, worum es beim heiligen Brot ging.

An den Tagen vor der Erstkommunion trafen schon

etliche Briefe, Päckchen und Geschenke ein, die an einem festen Platz gesammelt wurden. Am Nachmittag vor dem Fest lieferte seine Gotti den Tischschmuck an und alles war bereit. Da einzelne Gäste schon angereist waren, um die Familie zu unterstützen, kam schon am Vorabend Feierstimmung auf. Jetzt mussten nur noch die Nacht und ein geruhsamer Vormittag vorbei sein, dann sollte es los gehen.

Am nächsten Morgen erwartete ihn strahlender Sonnenschein, um die Mittagszeit setzte schwüle Hitze ein und die Eltern bangten, ob das Wetter halten werde. Doch darüber machte sich der kleine König keine Sorgen. Als sie zur Schule kamen, waren dort viele Autos und noch mehr Menschen zu sehen. Seine Lehrerinnen und seine fünf Freunde, mit denen er gemeinsam den Vorbereitungsweg erlebt hatte, waren da.

Dann ging es los - im doppelten Sinn: Zum einen setzte mit dem Gottesdienst ein richtiges Gewitter ein und sorgte dafür, dass sich die Hauskapelle etwas abkühlte. Zum anderen zeigte der kleine König in diesem Gottesdienst, dass er sich nicht immer spastisch verkrampfte. Seine Eltern, die direkt hinter ihm saßen, trauten ihren Augen nicht. Ihr kleiner König saß in seinem Rolli, ruhig, aufmerksam, konzentriert und zeigte keine einzige spastische Regung. Er schaute zum Pfarrer, der den Gottesdienst feierte, hatte seine fünf Freunde im Blick und brachte sich zum richtigen Zeitpunkt mit seinem Beitrag über den BIGmack ein. Alles lief so ab, wie sie es lange geprobt hatten. Es war gut, dass er seine Eltern nicht im Blick hatte, denn sie und alle anderen waren sehr berührt von dieser Feier und tief ergriffen von dem, was sie da erlebten. Als der Gottesdienst vorbei war, trennten sich die Wege derer, die in der Schule feierten, und denen, die mit ihren Familien nach Hause gingen.

Dank der guten Fee Burga, die während des Gottesdienstes alles im Königshaus vorbereitete, stand der Kaffee bereit. Wie üblich war die Auswahl an Kuchen groß, da jede Königs-Familie etwas mitgebracht hatte. Durch das Gewitter hatte es so stark abgekühlt, dass die Feier ins Haus verlegt werden musste. Das tat der Freude des kleinen Königs aber keinen Abbruch.

Nachdem sich alle Gäste verabschiedet hatten, durfte der kleine König gemeinsam mit der kleinen Prinzessin - oder war es eher umgekehrt - ein erstes Geschenk auspacken. Doch er konnte nichts mehr aufnehmen, so ausgefüllt war dieser Tag. Am Abend fiel er, voll von vielen Eindrücken und Erlebnissen, in einen tiefen Schlaf. Da er unbedingt mit seinen Freunden in der Schule diesen Tag nachklingen lassen wollte, war er früh wieder munter.

In den folgenden Tagen öffnete er bei jeder Mahlzeit eines der Geschenke, der Päckchen oder der Briefumschläge. Mit diesen Überraschungen klang das Fest noch über eine Woche nach. Gemeinsam mit der kleinen Prinzessin und seinen Eltern freute er sich über die vielen schöne Dinge und ließ dabei eine Liste führen, damit nichts verloren ging.

Natürlich klang das Fest auch in der Schule nach. Bei dem Schulgottesdienst am darauffolgenden Freitag zeigten die fünf Freunde der Haus- und Schulgemeinschaft, was sie am Sonntag zuvor mit ihren Familien gefeiert hatten.

Der kleine König und das Petö-Abenteuer

Die Pfingstferien begannen und mit ihnen das Petö-Abenteuer. Bereits in den Osterferien hatte der kleine König einen ungewöhnlichen Termin. Er sollte sich bei einer Konduktorin vorstellen.

Gemeinsam mit seiner Mutter war er eine ganze Weile durch die Hügel und Wälder gefahren, vorbei an Kirchen, Klöstern und Bauernhöfen, bis sie in einem Ort ankamen, der Dürmentingen hieß. Dort begrüßte sie eine Frau namens Marie, skeptisch beobachtete sie der kleine König. Seine Mutter erzählte ihr mal wieder seine Lebensgeschichte und was er konnte, liebte und wie er war. Die Frau war unheimlich nett, und er konnte es sich nicht verkneifen, gegen Ende doch mit ihr zu schäkern. Das Eis war gebrochen, und nachdem sie bestätigte, dass der kleine König für ›Petö‹ geeignet war, fuhren sie wieder nach Hause. In den Pfingstferien sollte er wieder nach Dürmentingen kommen, um zum ersten Mal bei Petö dabei zu sein. Er war schon sehr gespannt, was da auf ihn zukommen würde.

Der erste Petö-Bock begann. Seine Mutter hatte ihm erklärt, dass er dort Übungen für den Körper in Verbindung mit schönen Liedern machen würde, gemeinsam mit anderen Kindern, denen es ähnlich ging wie ihm.

Petö ist eine Therapieform, die von einem ungarischen Arzt entwickelt wurde. Er stellte die These auf, dass jedes hirngeschädigte Kind, egal ob es selbstständig dazu in der Lage ist oder nicht, alle Körperhaltungen eines gesunden Menschen erleben sollte. Im Rahmen dieser Therapie absolvieren die Patienten täglich die gleichen Übungen in der gleichen Reihenfolge, was die Bewegungsfähigkeit fördert.

Zeitgleich mit seinem ersten Petö-Termin hatte sein Papa Geburtstag. Um ihn zu überraschen, hatten sich die Kinder mit der Mutter etwas einfallen lassen. Während die Männer des Königshauses am Samstag zuvor Schuhe einkauften, besorgten die Frauen des Hauses einen neuen Schlüsselanhänger, mit dem er zum ›Super Hausmann‹ gekürt wurde. Als der kleine König von seinem Petö-Tag nach Hause kam, beobachtete er, wie sein Vater stolz seinen Gästen diesen Schlüsselanhänger zeigte. Diese Überraschung war offensichtlich gelungen.

Der erste Therapietag war lang und anstrengend, nicht nur für den kleinen König, sondern auch für seine Mama. Da es ununterbrochen regnete, wartete sie den ganzen Tag im Nebenraum.

Für den kleinen König war Petö so etwas wie eine kleine Kuschelgruppe. Auf der einen Seite von ihm lag auf der Matte der große Tobias. Er kam fast aus der Nachbarschaft von Dürmentingen und begrüßte jeden Morgen seine Marie mit ›Jonabot‹, das heißt guten Morgen. Auf der anderen Seite lag Butzi, eine nette junge Dame, die immer eine Riesenanfahrt hatte. Sie kam aus der Nähe von Ludwigsburg und übernachtete bei ihrer Oma in Ulm. Da war er mit seiner vierzigminütigen Anfahrt ganz zufrieden.

Die Petö-Therapie begann jeden Morgen um 9 Uhr mit einer Massage an den Füßen, den Beinen, den Händen, den Armen und am Rücken mit einer Salbeicreme, die speziell aus Ungarn geliefert wurde. Das tat so gut, dass der kleine König leise vor sich hin schnurrte. Danach machten sie im Liegen Übungen auf dem Rücken und auf dem Bauch. Dabei wurden passende und schöne Kinderlieder gesungen.

Nach einer Frühstückspause, auf die der kleine König meist großzügig verzichtete, trainierten sie mit der entsprechenden Unterstützung Bewegungen im Sitzen an der Wand im Schneidersitz oder aber auf dem Stuhl. Anschließend folgten Übungen mit Stehen und Gehen. Dazwischen gab es eine Mittagspause mit etwas Ruhe, Spielen, Rätseln und Basteln. Prinzipiell gefiel es dem kleinen König und er machte gut mit.

Beim ersten Block in den Pfingstferien wollte er jedoch beim Mittagessen noch nicht auf seine Mutter verzichten. Diese vertreib sich die Vormittage bis zum Mittagessen mit Shoppen in den naheliegenden kleinen Städtchen oder unterhielt sich mit der anderen Mutter, die ebenfalls dort wartete.

Für den kleinen König war Petö richtig anstrengende Arbeit. Nach dem ersten Tag war er fix und fertig. Auf der Heimfahrt atmete er so schwer, dass seine Mutter fürchtete, ihm ginge es nicht gut, doch von Tag zu Tag wurde es besser. Nach acht Tagen war die Petö-Therapie vorerst beendet, aber die Fortschritte, die er in dieser Zeit machte, waren deutlich sichtbar. Am ersten Tag hatte er bei der Geh-Übung trotz viel Unterstützung mit Mühe drei Schritte geschafft. An den folgenden Tagen steigerte er seine Leistung und schaffte mit Unterstützung erst die Hälfte und dann tapfer mit wachsender Begeisterung die ganze Raumlänge. Dabei stützte ihn die Therapeutin unter den Armen und er hielt sich beim Gehen am Therapiestuhl fest.

Am Ende der Petö-Woche stand der nächste Termin in Tübingen an, bei dem neben der üblichen Kontrolle geschaut wurde, ob er wieder eine Botox-Spritze bräuchte. Nebenbei erzählten die Eltern der Ärztin von der Petö-Therapie. Allgemeines Erstaunen machte sich breit. Die Ärztin untersuchte den kleinen König und stellte fest, dass er extrem locker war. So hatte sie ihn noch nie erlebt. Die Physiotherapeutin der Klinik kam dazu, um den Bewegungsbereich seiner Gelenke auszumessen. Beide kamen zu dem Ergebnis, dass er aktuell keine weitere Spritze bräuchte, auch die Ärztin, die für die Botox-Behandlung zuständig war, stimmte zu. Sie stammte selbst aus Ungarn, kannte die Wirkung von Petö und war sich sicher, woran es lag. Sie vereinbarten eine zeitnahe Kontrolle nach dem nächsten Petö-Block, um einen möglichen Unterschied sehen zu können.

Gleich nach dem Wochenende stand der Termin beim Kieferorthopäden an. Dieser war schneller erledigt, wie die Anfahrt dauerte. Die Ärztin schaute sich das Panoramabild von dem Kiefer des kleinen Königs an, das aufzeigte, welche Zähne angelegt waren und welche Platz bräuchten. Doch das schien alles kein Problem zu sein. In einem Jahr wollte sie ihn wieder sehen, da würde sich zeigen, ob es nochmals nötig wäre, einen weiteren Zahn zu ziehen.

Mit diesen guten Nachrichten startete er motiviert in die zweite Petö-Woche. Dem kleinen König gefiel es dort immer besser. Die Konduktorin war nett und die jungen Frauen, die bei den Mahlzeiten oder in den Pausen für Unterstützung sorgten, waren freundlich und einfühlsam.

Die Pfingstferien vergingen wie im Flug. Ziemlich müde und doch glücklich startete der kleine König wieder in den Schulalltag. Er freute sich, wenn er mit zum Schwimmen durfte, denn er liebte dieses nasse Etwas.

An einem Montag durfte seine kleine Schwester mit in die Schule. Der kleine König wusste nicht, wann sie diesen Deal mit seiner Lehrerin ausgeheckt hatte, aber er war begeistert. Der Vater brachte die kleine Prinzessin zur Geschichtengruppe in die Schule, und sie blieb dann doch wahrhaftig bis zum Schulschluss am Nachmittag. Natürlich wurde sie von allen Seiten verwöhnt, sie machte jedoch auch ganz toll mit. Im Stillen platzte der kleine König ja fast vor Stolz, aber das durfte er als großer Bruder nicht so zeigen.

Beim Reiten begannen sie für ein Stück zu proben, das im Juli aufgeführt werden sollte. Er gab sich große Mühe, seiner Rolle gerecht zu werden, doch den ›Schläfer‹ zu spielen, wenn so viele Zuschauer dasaßen, dafür war er doch zu neugierig. Immer wieder reckte er seinen Hals nach oben, um zu sehen, wie das Publikum reagierte. Die nette Frau aus der Sozialstation, die ihn begleitete, wie auch seine Lehrerin kamen auch extra zu der Aufführung. Das war eine tolle Überraschung.

Im Juli feierte die kleine Prinzessin ihren 5. Geburtstag. Der kleine König fragte sich erstaunt, wo die Zeit geblieben war. Ab und an fragte er sich schon, wie er es mit diesem Hexenbesen aushalten konnte. Er liebte sie über alles und freute sich, wenn sie ihn in ihr Spielen mit einbezog und er bei Vater-Mutter-Kind-Spielen die Rolle des Vaters oder des Babys übernehmen sollte. Manchmal, aber nur manchmal, wünschte er sich, sie wäre noch ein braves Baby, das nicht nervt. Inzwischen war sie schon fast so groß wie er, und die Waage zeigte fast das gleiche Gewicht wie bei ihm an.

Das Schuljahr ging zu Ende und das Sommerfest in der Schule läutete die letzten Schultage ein. Mit einem Ohr hatte er beim Fest gehört, dass seine Lehrerin mit seinen Eltern über einen möglichen Lehrerwechsel im nächsten Schuljahr sprach. Der kleine König war irritiert. Er hatte sich gerade so richtig eingewöhnt und fühlte sich wohl. Ob da noch was zu machen sei? Am letzten Schultag stand fest, dass er im neuen Schuljahr eine andere Lehrerin bekam. Schweren Herzens nahm er Abschied, auch wenn er wusste, dass er seine geliebte Lehrerin immer noch sehen würde.

Wie jedes Jahr schaute der kleine König in den Ferien bei seinem Kinderarzt vorbei. Der war mit ihm sehr zufrieden. Ein Rezept, das er mitbekam, hatte es jedoch in sich. Bisher konnte er mit diesem Rezept zur Apotheke seines Vertrauens gehen, und die freundlichen Frauen besorgten die Kofferraumladung Windeln, die dann wieder für die nächsten drei Monate reichten. Dieses Mal kam es anders. Die Apothekerin teilte ihnen mit, dass sie diese Rezepte nicht mehr erfüllen dürften, da zwischen den Apotheken und den Krankenkassen irgendwelche Verträge ausgelaufen waren. Die Mutter nahm Kontakt mit der Krankenkasse auf und fragte nach. Per Fax, später dann per herkömmlicher Post, erhielten sie eine Liste mit Adressen von Firmen, über die sie in Zukunft die Windeln bestellen konnten. Aber welche Firma war die richtige?

Eine abenteuerliche Recherche begann. Aus der riesigen Anzahl von Adressen wählten sie zunächst alle Firmen aus Baden-Württemberg aus, doch die Kontaktaufnahme sollte sich als schwierig erweisen. Hotlines waren nicht besetzt, Anrufbeantworter wurden anscheinend nie abgehört und Mailanfragen blieben unbeantwortet. Bei einigen Anrufen landeten sie bei einer Firma, die entweder gar keine Kinderwindeln vertrieb, oder aber seine Marke nicht im Sortiment hatte.

Nach einer ergebnislosen Woche und dem Wissen, dass die Windeln langsam zur Neige gingen, war Handeln angesagt. Kurzerhand rief die Mutter das Hilfsmittelkompentenzzentrum in Karlsruhe an, dort sollte man doch wohl wissen, wo diese Windeln zu bekommen seien. Endlich hatte sie einen verständigen Ansprechpartner, der den Frust der Königsfamilie verstand. Er nannte eine Nummer, und dort konnte sie endlich die Bestellung aufgeben.

Zunächst schien alles glatt zu gehen, doch am versprochenen Liefertermin passierte nichts. Die Firma schien eine andere Zeitrechnung zu haben, denn die Ware stand erst nach ihrem Urlaub bei ihrer Heimkehr auf der Terrasse unter dem Tisch versteckt.

Ferien sind schön, vor allem wenn man ausschlafen und faulenzen kann, fand der kleine König. Vor dem

Schulende hatte er mit seiner Physiotherapeutin jedoch einen Vertrag geschlossen. Sie legten gemeinsam fest, zu welchen Zeiten und wie lange er sein Korsett in den Ferien tragen sollte. Daran hatte er sich zu halten, und er gab sich viel Mühe, diese Zeiten einzuhalten.

Die ersten drei Wochen waren so schnell vorbei. In der ersten Woche musste er sich an die freie Zeit gewöhnen, zumal die Mutter noch arbeiten ging. Dann kam Familie Peters aus dem hohen Norden zu Besuch, und damit waren die Tage mit Leben und Freude gefüllt. Den Höhepunkt dieser Woche bildete ein besonderer Ausflug. An einem Morgen standen sie alle früh auf, um eine Bodenseetour mit Schiff und Seilbahn zu machen. Die Sonne strahlte, doch es war so frisch, dass sie auf dem Pfänder im Schatten richtig froren. Zügig nahmen sie ihr Mittagessen ein, danach wollten sie zur Greifvogelschau. Der kleine König verzichtete mit seinem Vater auf diese Vorführung und aß in Ruhe weiter. Von seinem sonnigen Plätzchen beim Mittagessen nahm er jedoch ein Andenken mit, das erst am nächsten Tag sichtbar wurde. Dort, wo er beim Essen gekleckert und den Mund mit Essen verschmiert hatte, hatten sich schmerzhafte Brandblasen gebildet. Zum Glück half die Wundsalbe, und die Folgen dieses Missgeschicks verschwanden schnell.

Nachdem die Peters an ihrem eigentlichen Urlaubsort gelandet waren, wollte die Königsfamilie selbst ein paar Tage verreisen. Ihr Ziel war Thaleischweiler-Fröschen.

Die Idee, einen Gegenbesuch bei Onkel Theo zu machen, war im Frühjahr entstanden, zumal in seinem Garten so etwas wie eine riesige Badewanne - oder sagte man Schwimmbad dazu - stand. Bei einem Blick auf die Wolken am Himmel fürchtete der kleine König jedoch, dass sie eher von oben begossen als eine Abkühlung im Wasserbecken brauchen würden. Nachdem sie für jedes Wetter die richtige Kleidung eingepackt hatten, fuhren sie los.

Sommerzeit ist Baustellenzeit, das erlebte die Königsfamilie auf ihrer Reise wieder einmal hautnah. Irgendeine seltsame Umleitung ließ sie im Pfälzer Wald herumfahren. Der kleine König staunte. So viele Bäume auf einmal hatte er noch nicht gesehen, geschweige denn zählen können, da hörte sein Zahlenverständnis auf.

Gegen Abend holten sie in der Praxis von Onkel Theo den Schlüssel vom Haus ab. Bis er Feierabend machte, hatte sich die Königsfamilie schon häuslich niedergelassen. Der kleine König hatte schon zu Abend gegessen. Der Tag war anstrengend gewesen und so freute er sich auf das Bett. Nachdem es sich bereits bewährt hatte, gab es auch in Thaleischweiler-Fröschen ein Männer- und ein Frauenzimmer.

Sie blieben drei Nächte, tagsüber nutzten sie die Zeit zum Ausruhen, Nichtstun oder Schuhe Einkaufen, da Onkel Theo in seiner Praxis die Patienten behandelte. Lediglich die Frauen waren öfters unterwegs, um die nötigen Lebensmittel zu besorgen, die sie für das Essen der entstandenen Großfamilie brauchten. An einem Tag schaute Tante Rita aus Worms vorbei und am anderen Tag kam Onkel Tom aus Weinheim, so wurde ihnen nicht langweilig.

Als sich das Wetter besserte, probierten sein Vater und die kleine Prinzessin mutig die riesige Badewanne aus. Das Wasser hatte gerade mal 20° C, aber seine Schwester liebte es kühl. Am nächsten Tag startete der kleine König mit seiner Mutter einen Versuch. Nachdem die Heizung nicht höher gedreht werden konnte, klapperte er selbst so mit den Zähnen, dass seine Eltern bald Erbarmen mit ihm hatten und ihn aus dem kühlen Nass befreiten. Er schaute doch lieber von draußen zu, während sich die anderen darin vergnügten.

Die Zeit verging rasend schnell und der Abschied stand bevor. Da der nächste Petö-Block anstand, konnten sie auch nicht an Verlängerung denken. Die Koffer wurden gepackt, verstaut und dieses Mal ging es auf direktem Weg – ohne Pfälzer Wald Rundfahrt – gen Heimat. Nach nur etwas mehr als drei Stunden waren sie schon zu Hause.

Der Sommer schien langsam Einzug zu halten und die Temperaturen kletterten immer höher. Jetzt hätten sie bei Onkel Theo sein sollen, dachte sich der kleine König, denn jetzt hatte das Schwimmbad kuschelige Temperaturen. Das war aber zu spät. Für ihn war in den nächsten Wochen Petö angesagt, und für seine kleine

Schwester begann wieder der Kindi. Der Vater genoss den Vormittag für sich, während seine Mutter ihn begleitete. Dieses Mal konnte sie es nach der ersten Woche wagen, erst zur Abholzeit zu kommen. In den Zwischenzeiten ging sie shoppen, drehte wegen der Hitze im Freibad ihre Runden oder las in Ruhe ein Buch. Als Tante Rita aus Worms vorbeikam, begleitete ihn an einem Tag das komplette Frauenteam.

Die Wochen verflogen und der letzte Petö-Block begann. Nun übernahm sein Papa den Fahrdienst, da der Urlaub seiner Mama zu Ende war. Die Mutter merkte bald, wie anstrengend es war, neben ihrer Arbeit die kleine Prinzessin zu betreuen, wenn diese aus dem Kindergarten kam. Aufgrund ihrer knappen Zeit organisierte sie an den meisten Tagen eine Betreuung. Schnell wurde ihr jedoch klar, dass sie sich diese Art Familienleben auf Dauer nicht vorstellen konnte.

In den letzten Tagen der Sommerferien bereitete die Mutter den kleinen König allmählich darauf vor, dass er mit Schulbeginn eine neue Klassenlehrerin haben würde. Der Schulrucksack war wieder gepackt, der Bus kam. Wie jedes Jahr gab es eine kleine Feier zum Einstieg in das neue Schuljahr. Sein Rolli wurde in Richtung Klassenzimmer geschoben, und plötzlich bekam er ganz große Augen. In diesem Klassenzimmer stand wieder seine bisherige Klassenlehrerin. Ob die Mama nicht richtig gelesen hatte? Oder gab es da eine Verwechslung?

Seltsamerweise hatte er auch die neue Lehrerin bei der Feier gar nicht gesehen! Was hatte das zu bedeuten? Da war der kleine König sichtlich irritiert.

Das Rätsel löste sich bald auf. Ja, er war wieder bei seiner alten Lehrerin gelandet, aber nur vorübergehend. Da sich bei der neuen Lehrerin Nachwuchs angemeldet hatte, durfte sie nicht mehr arbeiten. So blieb der kleine König erst mal dort, wo er sich schon auskannte. Diese Zeit streckte sich dann bis kurz vor den Herbstferien hin, erst dann hatte die Schule eine Ersatzlehrerin gefunden. Doch auch mit der neuen Lehrerin freundete er sich schnell an, auch wenn er sich immer auf die Dienstage, wo er seine ›erste Liebe‹ beim Kochen wieder traf, freute.

Während sich in der Schule alles klärte, stand für den kleinen König ein weiterer Abschied an. Seine Pferde, die er so mochte, zogen weg. Auch wenn sie nur einen Ort weiter eine neue Bleibe fanden, war klar, dass zumindest über den Winter der Aufwand für seine Besuche zu groß war. Für dreißig Minuten Reiten Rolli in das Auto, kleinen König einladen, in den Nachbarort fahren, alles ausladen und dann das gleiche wieder zurück, kostete zu viel Kraft. Schweren Herzens nahm er Abschied und hoffte, sie im Frühjahr wiederzusehen.

In den Herbstferien sollte der kleine König wieder Petö bekommen. Da der Block zwei Wochen dauerte, wurde er ohne Probleme von der Schule befreit, um an dieser intensiven Blocktherapie teilnehmen zu können.

Bis die Petö-Therapie losging, gab es einen ziemlichen Wirbel um die kleine Prinzessin. Sie entwickelte sich immer mehr zu einem richtigen Hexenbesen. Sowohl zu Hause als auch im Kindi probierte sie aus, wo die Grenzen waren und wie weit sie gehen durfte. Dabei brachte sie es fertig, ihrer Erzieherin ein ›Märchen‹ zu erzählen, dass diese beim Abholen dem Vater zur Geburt des Babys gratulierte. Dieser kleine Hexenbesen hatte ihr absolut überzeugend erzählt, dass die Mama ein Baby bekommen habe, das ganz viel Mühe mache und nachts immer weint. Keiner könne mehr schlafen. Die Eltern schüttelten nur noch den Kopf, welche Flausen die Kleine im Kopf hatte.

Kurz darauf leistete sie sich noch ein Abenteuer mit der Putzfee der Königsfamilie. Während der kleine König im Wohnzimmer auf einer Decke lag und die Frau von außen die Fenster putze, lief der Hexenbesen zur Terrassentür und schloss sie zu. Die Putzfee, die keinen Haustürschlüssel dabeihatte, versuchte verzweifelt, den Hexenbesen zum Öffnen der Tür zu bewegen. Dieser machte sich jedoch einen Spaß daraus, immer, wenn die Frau am Wohnzimmerfenster stand, kurz die Tür aufzumachen, ›Hallo‹ zu rufen und die Tür dann wieder blitzschnell zu schließen. Die Putzfee war den Tränen nahe, bis der Hexenbesen endlich ein Einsehen hatte.

Ihr Verhalten hatte Folgen. Damit sie in den Herbstferien mit zu Tante Rita nach Worms durfte, musste sie schon deutlich zeigen, dass sie es mit der ›Besserung‹ ernst meinte.

Der Petö-Block begann und diesmal wusste der kleine König bereits, was auf ihn zukam. Die beiden Konduktorinnen kannte er schon vom Sommer. Da Herbstferien waren und seine Mutter endlich mal auf den Friedhof in Weinheim gehen wollte, verreiste sie mit der kleinen Prinzessin für ein paar Tage und die Männer hatten freie Bahn. Sie konnten ihren Tag gestalten, wie sie wollten. Ehrlich gesagt vermissten sie die beiden schon und freuten sich auf ihre Rückkehr. Bis die Mutter wieder arbeiten musste, wechselten sich die Eltern danach mit dem Fahren zur Petö-Therapie ab.

Kurz nachdem für ihn wieder die Schule begann, stand der Elterntag an. An einem Freitagnachmittag zeigte die Grundstufe, was sie in den vergangenen Wochen einstudiert hatten. In Religion hatten sie für einen Schulgottesdienst die Geschichte vom barmherzigen Samariter behandelt. Damit die Eltern erleben konnten, wie es da in der Schule zugeht, durften sie in eine Religionsstunde hineinschnuppern.

Die Wochen vergingen und der Advent stand vor der Tür. In Tübingen war wieder ein Kontrolltermin für den kleinen König angesetzt, bei dem die Ärzte die Langzeitwirkung der Petö-Behandlung untersuchen wollten. Sie schauten und maßen, wie sich seine Situation an den

Beinen und seine Spastik nach sechs Wochen Petö verändert hatte. Erneut staunten die Physiotherapeutin und
die Ärzte über seine Beweglichkeit. Die Therapie wirkte.

In einer Rekordzeit war die Untersuchung beendet.
Um 13 Uhr waren sie schon wieder zu Hause, und der
Vater zauberte auf Wunsch seiner kleinen Schwester
noch schnell Pfannkuchen mit Pilzrahmsoße auf den
Tisch. Ein Rezept mit Erfolgsgarantie, das im Königs-
haus sich großer Beliebtheit erfreute.

Der kleine König entdeckt die modernen Medien

Das letzte Weihnachtsfest war ruhig gewesen. Da die Mutter im Dezember eine Augenoperation hatte, war sie bis zum Jahresende krankgeschrieben und sie hatten genug Zeit, sich gemütlich auf das Fest vorzubereiten. Mit ihrer Augenklappe sah sie aus wie ein Pirat.

An Heiligabend fuhren sie gemeinsam zur Krippenfeier nach Burgweiler und verbrachten dann im kleinen Kreis den Abend. Das Christkind brachte den Königskindern neben anderen Geschenken Kuscheldecken, die sie intensiv nutzten. Der kleine König genoss es, auf seiner Decke zu liegen, die kleine Prinzessin liebte ihre so innig und hätte sie als Schmusedecke gerne überall mit hingenommen.

Kurz nach den Weihnachtsferien beantragten die Eltern bei der Krankenkasse eine neue Reha in Tannheim. Der Kinderarzt hatte den Antrag formuliert, aus dem eindeutig hervorging, dass vor allem die Eltern des kleinen Königs dringend eine Reha bräuchten. Neben der psychischen Anspannung machten ihnen körperliche Beschwerden zu schaffen. Das tägliche Tragen des kleinen Königs, der nun 10 Jahre alt war, sowie das regelmäßig Rein- und Rauswuchten seines Rollstuhls und seiner Hilfsmittel in das Auto forderten seinen Tribut. Kaum hatten sie die gesammelten Unterlagen weggeschickt, kam die telefonische Absage von der Krankenkasse. Die Königsfamilie hatte den Eindruck, dass die Sachbearbeiter den Antrag gar nicht gelesen hatten, und baten um eine schriftliche Mitteilung.

Im Februar feierte seine Mutter ihren 50. Geburtstag. Der kleine König freute sich schon auf die ganzen Gäste der ›Königs-Meier-Mörtlfamilie‹, die sich angesagt hatten. Außerdem war er gespannt, wie die Überraschung, die sein Vater von langer Hand geplant hatte, ankommen würde. Gemeinsam mit den Gästen wollten sie seiner Mutter eine Relaxliege schenken.

Die Idee dazu war bei ihrem Urlaub bei Onkel Theo in Thaleischweiler-Fröschen entstanden. Damit die Mutter nichts mitbekam, hatte sein Vater die Aktion auf vielen Umwegen vorbereitet. Während sie bei der Arbeit war oder Abendtermine hatte, telefonierte er mit den Verwandten, informierte sie über das Vorhaben und holte Angebote ein. Mit dem Verkäufer, bei dem er die zwei Liegen bestellte - eine wäre immer eine zu wenig gewesen - , traf er genaue Absprachen, wann und wohin diese geliefert werden sollten, um pünktlich zum Fest da zu sein.

Als alle Gäste angekommen waren, überreichten sie gemeinsam der Mutter die großen Pakete. Beim Anblick dieser Relaxliegen der Extraklasse war sie sprachlos und freute sich riesig. Am Strahlen ihrer Augen erkannte der kleine König, dass ihnen diese Überraschung rundum gelungen war.

In den ersten Wochen wurden die Liegen zunächst im Wohnzimmer aufgebaut, bis ein Hauch von Frühling einzog und sie auf der Terrasse genutzt werden konnten. Manchmal hatte er den Eindruck, dass auch zwei Liegen eine zu wenig war, da er es ebenfalls genoss, darauf zu liegen.

Vor Ostern war der kleine König zu einer Stippvisite bei der Kinderkardiologin in Friedrichshafen. Diese war so weit zufrieden und befürwortete in ihrem Bericht eine Reha. Gemeinsam mit dem Kinderarzt legten die Eltern Widerspruch gegen die Ablehnung der Reha bei der Krankenkasse ein. Dem Schreiben fügten sie ausführliche Berichte von den diversen Ärzten und Klinikberichte hinzu. Sogar über den Bundesverband herzkranker Kinder bekamen sie Formulierungshilfen für den Widerspruch. Jeder, der sich die vollständigen Unterlagen durchlas, ging davon aus, dass die Krankenkasse nicht nochmals ablehnen würde.

Aber die Entscheidungswege dieser Instanz waren geheimnisvoll und nicht nachvollziehbar. Wieder kam eine Absage mit der Mitteilung, dass nur noch ein Widerspruchsausschuss über ihren Reha-Antrag entscheiden könne. Die Königsfamilie war verzweifelt und ratlos.

Für den kleinen König lief der Alltag ganz normal weiter. Da er mit der Schule und seinen Lehrerinnen vollständig zufrieden war, sagte er seinen Eltern, dass sie diesmal nicht zum Tag der offenen Tür mitkommen bräuchten. Lediglich seine Mutter war als Elternbeirätin ›dienstverpflichtet‹ und stand für andere Eltern zum Gespräch zur Verfügung.

Im März sollten am Königshaus lang geplante Maßnahmen in die Tat umgesetzt werden. Gespannt verfolgte der kleine König, wie auf dem Dach große glänzende Platten angebracht wurden, die er auf anderen Häusern schon gesehen hatte. Von diesen führte ein Kabel direkt in die Stromleitung des Königshauses. Die Eltern hatten ihm erklärt, dass sie nun darüber bei Sonnenschein eigenen Strom nutzen könnten. Der kleine König fragte sich, ob seine Eisenbahn dann ohne Batterien fahren könnte.

Als die Installationsmaßnahmen beendet waren, kamen Uwe und Martina mit ihren Kindern zu Besuch. Sie waren auf der Heimreise aus ihrem Urlaub und blieben eine Nacht im Hotel Krone. Bei herrlichem Sonnenschein machten sie es sich auf der Terrasse gemütlich und verbrachten miteinander schöne Stunden. Obwohl es angenehm warm war, trieften der kleinen Prinzessin und ihrer Mutter die Nase. Anfänglich glaubten sie, es sei Heuschnupfen, der sie quälte. In den folgenden Tagen entwickelte sich dieser angeflogene Schnupfen bei beiden zu einer richtigen Grippe. Kranksein zur Hochsaison – dabei hatten sie doch für die nahen Osterferien etwas ganz anderes geplant.

Die Osterferien begannen und für der kleine König stand der nächste Block Petö-Therapie an. Er wusste, dass es intensive und anstrengende Tage werden würden, aber die Zeit bei Marie Spaß machte und sich letztlich irgendein Erfolg nach den Wochen zeigte. In der Karwoche machte sich das fitte und muntere Männerteam, das vor Gesundheit strotzte, auf den Weg nach Dürmentingen zur Therapie, während sich das gesundheitlich angeschlagene Frauenteam zu Hause wieder aufrappelte. Sie hofften, zu Ostern alle wieder fit zu sein, da die kleine Prinzessin nach den Feiertagen in Worms Urlaub machen wollte.

Bis im Furthof der Osterhase gejagt wurde, war das Frauenteam wieder fit. Dieses Jahr fuhr die Königsfamilie mit zwei Autos zum Fest, da sie anschließend verschiedene Ziele hatten: Das Männerteam kehrte am Abend nach Hause zurück und ließ den Tag gemütlich ausklingen. Die Frauen reisten weiter nach Worms. Wenn es nach der kleinen Prinzessin gegangen wäre, hätte die Mutter nach der Ankunft am besten gleich wieder den Heimweg antreten sollen. Nach einigen Verhandlungen durfte sie die Nacht dortbleiben, doch gleich nach dem Frühstück wurde ihr deutlich gesagt, dass sie jetzt gehen solle, denn sonst sei die Zeit mit Tante Rita zu kurz.

Mit einem kurzen Zwischenstopp am Grab der Großeltern und einem leckeren Mittagessen bei Onkel Tom in Weinheim trat sie die Heimreise an. Fast, als sei es abgesprochen, kam sie gleichzeitig mit dem Männerteam, das von der Petö-Therapie zurückkam, zu Hause an. Während die Männer in den folgenden Tagen nach wie vor zu Petö fuhren, kümmerte sich die Mutter um die Erstkommunionproben ihrer Gemeinde.

Der Petö-Block ging zu Ende und alle, die zur Geburtstagsfeier des kleinen Königs eingeladen waren, trudelten im Laufe des Freitagnachmittags im Königshaus ein. Die kleine Prinzessin reiste gemeinsam mit Tante Rita aus Worms und Onkel Tom aus Weinheim an.

Am Samstagmorgen packte der kleine König schon beim Frühstück sein erstes Geschenk mit Hilfe der kleinen Prinzessin aus. Er war mehr als erstaunt, als er das Gerät, das seine Freundin Kim in Rosa besaß, in der ›männlichen‹ Farbe Blau entdeckte. Es war ein MP-3-Player in einer XL-Version, den er selbst bedienen konnte. Er freute sich riesig. Endlich konnte er, vorausgesetzt das Gerät war mit dem Klettverschluss an seiner Haltestange fixiert, selbst entscheiden, ob und wann er welche Musik hörte.

Kurze Zeit später waren sie bei Tante Hildegards Geburtstag eingeladen. Anstelle einer normalen Feier lud sie ihre Gäste zunächst zu einem Museumsbesuch ein. Der kleine König war von den laufenden Maschinen, die in der Tüftler-Werkstatt mit einem Wasserkraftwerk angetrieben wurden, total begeistert, da sie so schön rhythmisch lärmten.

Der April verflog und der Mai brachte mit dem Katholikentag Unruhe in den Familienalltag. Die Mutter hatte sich bereit erklärt, dort mitzuarbeiten, und war von Mittwoch bis Sonntag in Mannheim. Da am Sonntagnachmittag das Kindergartenfest der kleinen Prinzessin anstand, verzichtete sie jedoch auf den großen Abschlussgottesdienst.

Mit einer Kofferraumladung frisch geerntetem und geschältem Spargel trat sie die Heimreise an und war rechtzeitig zum Kindergartenfest wieder zu Hause. Den Kuchen, den die Königsfamilie mitbringen sollte, hatte Tante Sylvia aus Ostrach gebacken. Es war für die ganze Familie ein schönes Fest und gleichzeitig die letzte große Feier im Kindi für die Königsfamilie, denn der Einschulungstag der kleinen Prinzessin rückte in greifbare Nähe. Ihre Zahnlücken verrieten dies schon länger.

Die Kofferraumladung Spargel verteilte die Mutter in den folgenden Tagen an alle, die sich an der Sammelbestellung beteiligt hatten. Natürlich blieb auch eine gute Portion im Hause König und die kleine Prinzessin entwickelte sich zur Feinschmeckerin.

Ende Mai nahm der kleine König wieder einmal Abschied von einem lieben Menschen, der ihn einige Jahre auf seinem Weg begleitet hatte und mit ihm durch die Felder und Wälder gekurvt war. Die nette Frau von der Sozialstation hatte sich nach langem Überlegen für einen Umzug zu ihren pflegebedürftigen Angehörigen in der Nähe von Stuttgart entschieden. Der Abschied fiel der ganzen Königsfamilie schwer. Zur Erinnerung an die Zeit schenkte die gute Seele ihnen ein Fotoalbum und ein selbst genähtes Kissen.

Nach diesem Abschied überschlugen sich fast die Ereignisse im Königshaus und sorgten für eine Achterbahn der Gefühle.

Nach langem Warten kam die endgültige Absage für eine Reha vom Widerspruchsausschuss der Krankenkasse. Der kleine König konnte nicht wirklich ermessen, was dies vor allem für seine Eltern hieß, doch er ahnte, dass es nicht leicht wurde. Sie waren am Ende ihrer Kraft und hatten Erholung nötig. Was konnte er nur machen? Vor Gericht ziehen wollten sie nicht. Aber eine Absage, dass ihnen gar nichts mehr zustehen würde, konnte er sich nicht vorstellen. Die Krankenkasse schrieb, sie seien nicht krank genug und sollten erst mal die ambulanten Möglichkeiten nutzen. Wie sollte das gehen? Hatten die Menschen, die so etwas entschieden, überhaupt eine Vorstellung davon, wie der Alltag in seiner Familie aussah? Selbst die kleine Prinzessin fragte, wann sie endlich wieder nach Tannheim fahren würden. Auch sie hatte diese Zeiten als Wohltat erlebt, in der ihre Eltern Zeit für sie beide hatten und sich nicht um Haushalt, Kochen und Wäsche kümmern mussten. Da war guter Rat teuer. Die einzige Möglichkeit schien ein neuer Antrag über die Rentenversicherung zu sein.

An einem sonnigen Nachmittag holten die Mutter und die kleine Prinzessin den kleinen König mit seinem neuen Caddy-Maxi von der Schule ab. Gemeinsam fuhren sie zur Waldbühne in Sigmaringendorf, um sich die Aufführung von Schneewittchen und die sieben Zwerge anzuschauen. Der kleine König staunte über das schön gestaltete Bühnenbild und die vielen Zwerge. Das Schneewittchen war so schön, dass er gerne selbst mitgespielt hätte. Es war so spannend, dass die Zeit geradezu verflog. Erfüllt von diesen Eindrücken kamen sie nach Hause.

Kurz darauf stand der 6. Geburtstag der kleinen Prinzessin an, der mit einem Kindergeburtstag gefeiert werden sollte. Vormittags hatte sie zunächst noch ihr erstes Vorspiel in der Musikschule. Am Tag zuvor reiste Tante Rita an, um bei den Vorbereitungen zu helfen.

Am nächsten Tag fuhr die kleine Prinzessin mit der Mama bereits früh zum Einspielen in die Musikschule, während der kleine König mit Tante Rita in Pfullendorf einen Spaziergang machte. Zum Vorspiel wollten sie dann ebenfalls in die Musikschule kommen.

Als sie mit dem Rolli ihre Runde drehten, hatten sie eine überraschende Begegnung. Eine nette Frau auf einem Fahrrad kam zu ihnen gefahren, hielt an und fragte seine Tante, ob dies nicht Tobias König sei. Der kleine König und Tante Rita waren verblüfft, aber die nette Frau löste das Rätsel gleich auf. Sie war Frauenärztin und kannte den kleinen König seit der ersten Minute seines Lebens. Jahr für Jahr las sie seine Geschichten und hatte sein Gesicht wiedererkannt. Die Welt ist manchmal recht klein, dachte sich der kleine König.

Beim Vorspiel der Blockflötengruppe in der Musikschule trafen sie die Ärztin kurz darauf wieder, da ihre Tochter dort auch mitspielte. Gespannt wartete er auf den Auftritt der kleinen Prinzessin. Zunächst hatte sie gar nicht zum Einspielen gehen wollen und war ein wenig scheu. Doch dann war sie so mutig und spielte als allererste ihr Stück ohne Fehler vor. Der kleine König wäre vor Stolz auf seine Schwester fast geplatzt. Nach dem Mittagessen begann der Kindergeburtstag mit Spielen, Kuchen und natürlich vielen Geschenken für die kleine Prinzessin.

An einem der Sonntage danach bekamen sie Besuch aus Tannheim. Die vier Peters aus Eschweiler hatten ihre Reha genehmigt bekommen und machten ihren Sonntagsausflug zum Grillfest im Hotel Krone. Die Königs hatten auch Kim mit ihren Eltern aus Biberach eingeladen, und es wurde ein fröhliches Wiedersehen.

Der Juli nahm seinen Lauf und das Sommerfest am letzten Sonntag vor den Sommerferien in der Schule stand an. Das ganze Schuljahr über hatte der kleine König interessiert am Unterricht teilgenommen und die Stunden in der Schatzinsel ausgekostet. Auch seine neue Lehrerin hatte er schnell lieb gewonnen. Zu seinen Highlights gehörten vor allem die Tage, an denen er mit zum Schwimmen durfte, aber auch die Arbeit bei der Physiotherapeutin, die zwar anstrengend war, fand er schön.

Die Sommerferien kamen und es war von Anfang an klar, dass es eine intensive Zeit werden würde. Der kleine König schaute wieder einmal bei seinem Kinderarzt und der Hausärztin vorbei. Die beiden staunten, dass er schon fast 120 cm lang und etwas ›schwergewichtiger‹ geworden war, auch wenn er immer noch zu den Fliegengewichten gehörte. Doch die Shakes am Abend, die er seit der letzten Reha regelmäßig trank, zeigten allmählich Wirkung.

In den ersten beiden Wochen besuchte die kleine Prinzessin im Freibad in Pfullendorf einen Schwimmkurs, um ihre Angst vor dem Wasser zu verlieren. Außerdem sollte sie bis zur Einschulung einigermaßen schwimmen können. Das klappte auch recht gut und machte ihr sogar Spaß. Kurz vor dem Beginn des Schwimmkurses wurde sie glitschig wie ein Fisch, da sie mit Melkfett eingerieben wurde, damit sie im Wasser nicht so fror.

In diesen Wochen machte Tante Rita aus Worms bei ihnen Urlaub und am Wochenende darauf kam Onkel Tom aus Weinheim mit Besuch aus Indonesien und seiner zukünftigen Frau. In diesen Tagen lernte der kleine König auch eine neue Form der Kommunikation kennen: Das Skypen. Völlig fasziniert schaute er zu, wie auf dem Laptop seines Onkels seine Cousine, sein Cousin oder andere Menschen aus Indonesien zu sehen waren, und er hörte, was sie sagten. Er selbst hatte großen Spaß daran, mit seinem Gesichtsausdruck zu antworten. Das wäre doch auch etwas für das Königshaus, dachte er sich.

Besonders lustig fand er es auch, wenn in fremden Sprachen gesprochen wurde. Wenn seine Eltern versuchten, sich mit dem indonesischen Besuch zu verständigen, oder sein Onkel das Gesprochene übersetzte, gluckste er vor Lachen.

Das Wochenende ging rasend schnell vorbei. In der einen Woche, in der im Kalender der Königsfamilie überhaupt kein Termin stand, unternahmen sie kleine Ausflüge an den See, besuchten Freunde oder bekamen Besuch.

Dann begann für den kleinen König der nächste Petö-Block. Bei gutem Wetter fuhr die ganze Familie mit und verbrachte die Zeit im Freibad von Bad Buchau. Dort übte die kleine Prinzessin das Schwimmen. Regnete es oder war das Wetter nicht so eindeutig, konnte sie entscheiden, was sie machen wollte. Manchmal half sie der

Mutter im Haushalt und danach unternahmen sie noch etwas gemeinsam, mal fuhr sie mit dem Vater den kleinen König zu Petö und ging mit ihm schwimmen, oder begleitete die Mutter, die während der Wartezeit Shoppen ging oder mit ihr einen Spielplatz besuchte.

In der letzten Petö-Woche musste die Mutter bereits wieder arbeiten. Daher fuhr nur noch der Vater mit ihm zu Petö, während die kleine Prinzessin bei der Oma in Ostrach übernachtete. Da sie es dort so schön fand, verlängerte sie ihren Aufenthalt noch etwas.

In den Ferien erhielten die Eltern einige traurige Nachrichten, die sie sehr nachdenklich machten. Viel zu früh waren zwei Frauen aus dem Bekanntenkreis an einer heimtückischen Krankheit gestorben. Nun machten sie sich Gedanken darüber, was wäre, wenn ihnen etwas passieren würde. Ihnen war klar, dass sie sich über ein Behindertentestament und über alles, was damit in Verbindung stand, Gedanken machen mussten, doch dazu fehlte ihnen die Kraft.

Petö war zu Ende und die Schule begann. Da der kleine König am zweiten Schultag in Tübingen einen Termin zur Untersuchung seiner Wirbelsäule hatte, sagte er seiner Klasse nur kurz Hallo. Die kleine Prinzessin fieberte schon ihrem ersten Schultag entgegen, aber da sie noch drei Tage Zeit hatte, blieb sie lieber mit Übernachtung bei der Oma in Ostrach. Am frühen

Morgen fuhren die Eltern mit ihm nach Tübingen, da sie doch schon um 9 Uhr in der Klinik sein mussten.

Auf die Ärztin brauchten sie nicht lange warten. Ziemlich schnell kamen sie bei ihr dran und nachdem sie eine Stunde im Sprechzimmer verbracht hatten und alles besprochen, gemessen, beredet und angedacht war, begleitete sie die Königsfamilie zu dem Termin in der Wirbelsäulensprechstunde. Dort sollte der kleine König geröntgt werden.

Gemeinsam mit seinen Eltern und allen Papieren begab er sich in die entsprechende Abteilung. Dort gab es wie immer die leidige Diskussion, ob er liegend oder sitzend geröntgt werden sollte. Nach einer Wartezeit, die sich im Rahmen hielt, kamen sie mit den Röntgenbildern für die Physiotherapeutin wieder in den Wartebereich der Wirbelsäulensprechstunde. Dort verging halbe Stunde um halbe Stunde. Zum Glück gab es einen Bildschirm, der sie zumindest etwas ablenkte, dann wiederholte sich nach und nach das Programm.

Irgendwann tauchte die Ärztin aus dem SPZ auf und fragte, ob sie noch nicht dran gewesen seien. Sie kümmerte sich, dass sich etwas bewegte, und endlich wurden sie ins Sprechzimmer gebeten. Trotz der immensen Wartezeit waren die Eltern nachher froh, dagewesen zu sein. Im Gespräch machte ihnen die Wirbelsäulen-Spezialistin deutlich, dass die Wirbelsäule des kleinen Königs zu viele Kurven und Drehungen aufwies. Das Tragen des Korsetts war unumgänglich und sie überlegte, ob seine

Wirbelsäule mit Titanstäben versteift werden sollte, was sie aber erst später mit den anderen Ärzten entscheiden könne. Diese ganzen neuen Informationen mussten erst mal verdaut werden. Nach 8 Stunden kamen sie nach diesem Klinik-Mammuttag zu Hause an.

Das nächste Highlight in dieser Woche war der erste Schultag der kleinen Prinzessin, an dem er außerdem Namenstag feierte. Daher brannten an diesem Tag zwei Kerzen am Frühstückstisch. Da er ja selbst zur Schule musste, konnte seine Schwester ihm erst beim Mittagessen erzählen, wie dieser Tag war. Am ersten Schultag beschwerte sie sich bitterlich, dass sie zu wenig Hausaufgaben aufhabe. Nachdem sie jedoch wenige Tage später am Samstag nacharbeiten musste, da sie ihre Hausaufgaben schlampig gemacht hatte, klagte sie, so mache Schule keinen Spaß. Schnell verstand sie, dass, wenn sie in der Schule gut mitmachte und jeden Tag gleich alle Hausaufgaben erledigte, alles halb so schlimm war.

Die ersten Herbstferien standen an, aber der kleine König beschloss, diese bereits zwei Tage früher zu beginnen und ließ sich von seinem Vater von der Schule abholen. Ihm ging es gar nicht gut. Bis zum Abend hatte er Fieber, das drei Tage anhielt, danach ging es ihm tagsüber gut, doch in der Nacht, immer wenn die Eltern gerade eingeschlafen waren, fing er an zu schreien. Niemand wusste warum. Die Eltern entwickelten sich zu Nachtwandlern. Eine Nacht legte sich der Vater zum kleinen König ins

Bett, in der nächsten seine Mutter. Es war natürlich kein erholsamer Schlaf und von daher wunderte es ihn nicht, dass seine Eltern an den folgenden Tagen müde, gereizt, genervt und selbst halb krank im Bett lagen. So hatte er sich die Ferien nicht vorgestellt.

Die Eltern hofften auf Entspannung am Ferienende. Aber o Schreck, am Sonntag nach dem Mittagessen wurde die kleine Prinzessin immer stiller und wärmer und das Ganze ging von vorne los. Doch sie blieb in der Nacht ruhig und forderte nur tagsüber, beschäftigt zu werden oder endlich wieder in die Schule zu dürfen. Nach vier Tagen war es mit ihr nicht mehr auszuhalten. Nachdem sie einen Tag fieberfrei war, durfte sie am Freitag wieder in die Schule. Da sie jeden Freitag einen Waldtag hatten, dachten die Eltern, dass die frische Luft ihr gut tun würde. Aber da hatten sie sich getäuscht. Am Wochenende lag sie erneut mit Fieber im Bett.

Da die Mutter in den Tagen viele Abendtermine hatte und spät nach Hause kam, der Vater aber gleichzeitig mehrere Chor-Auftritte hatte, gab es oft einen fliegenden Wechsel. Sie waren froh, dass an den Tagen, wo keiner von ihnen zu Hause sein konnte, der Babysitter die Stellung hielt, und Freunde in der Nachbarschaft im Wechsel dafür sorgten, dass die Königskinder ins Bett kamen und versorgt waren.

Nachdem Onkel Tom über Weihnachten wieder nach Indonesien fliegen wollte, hielt die Möglichkeit des

Skypens auch im Königshaus Einzug. Der kleine König fand es toll, per Computer mit Bild und Ton seinen Onkel am anderen Ende der Welt zu sehen.

Ob es am trüben Herbst und dem vielen Nebel lag, oder an den unruhigen Nächten, der Krankheit der Kinder konnte der kleine König nicht sagen, doch er spürte, dass die Situation seiner Eltern immer anstrengender und schwieriger wurde. Besonders große Sorgen machte er sich um seinen Vater, der nächtelang nicht schlafen konnte und viel Gewicht verloren hatte. Er lachte nicht mehr, hörte ständig nur ein und dieselbe Musik an und suchte Ruhe und Abstand. In seiner Sorge hatte auch der kleine König kaum noch Appetit und für einige Aktivitäten fehlte ihm die Motivation. Während sich das Befinden des Vaters auf den kleinen König ähnlich auswirkte, hatte es bei der kleinen Prinzessin den gegenteiligen Effekt. Sie bockte und stellte viele verrückte Sachen an. Die Mutter wusste langsam nicht mehr, wo ihr der Kopf stand. Mittlerweile war sie bereit, alle ambulanten Maßnahmen zu nutzen, wenn die Krankenkasse schon keine neue Reha zahlte.

Der Advent kam und sein Vater begann gerade, sich bei der Ärztin durchchecken zu lassen, da kam Post von ihrem Kinderarzt. Er schrieb ihnen, dass die Reha erst im neuen Jahr beantragt werden konnte, und lud sie ein, sich an einer Studie zu beteiligen. Außerdem teilte er ihnen mit, dass er sie in nächster Zeit nicht betreuen konnte, da er eine Wirbelsäulen-OP vor sich hatte. Natürlich nahmen sie ihn gleich in ihr Abendritual mit auf und hofften, dass alles gut ging und sie sich Ende Januar wieder in alter-neuer Frische sehen würden.

Es wurde Weihnachten und das Christkind fand, das sie brav genug gewesen waren. Dem kleinen König brachte es ein tolles Nackenhörnchen, ein neues Bilderbuch und einen Ball mit lustigen Geräuschen. Unter seinen Geschenken befand sich auch eine neue Kommunikationsleiste, an der er weiter üben konnte, die richtige Taste für das entsprechende Bedürfnis zu treffen. Die kleine Prinzessin, die nur einen einzigen Wunsch hatte, war glücklich, als sie unter dem Christbaum ein Puppenhaus entdeckte. Der neue Notenständer wurde von ihr gleich in Betrieb genommen, da sie im Nebenjob Flötistin war.

Silvester feierten sie wie gehabt mit den ›Fetscherboys‹ und ihren Eltern, doch aus diesmal verschlief der kleine König den Jahreswechsel. Die kleine Prinzessin durfte zum ersten Mal zum Feuerwerk aufstehen. Einige Besuche sagte die Königsfamilie jedoch ab, da ihr die Kraft und Energie fehlten.

Der kleine König und die Schatzinsel

Das vergangene Jahr ging zu Ende und der kleine König hoffte, dass nun bessere Zeiten kämen, doch die Situation zu Hause blieb weiterhin angespannt. Er gab sich alle Mühe, nichts dazu beizutragen, dass es schlimmer wurde, aber das ließ sich manchmal leider nicht verhindern. Gleichzeitig schauten sich seine Eltern nach Entlastungsmöglichkeiten um. Dabei stießen sie auf das Angebot, dass die ›Schatzinsel‹ neben der Nachmittagsbetreuung, die er bereits dienstags im 14-tägigen Rhythmus besuchte, auch Übernachtungen anbot. Eigentlich gefielen ihm diese Nachmittage sehr gut, aber mit dem Gedanken, dort zu übernachten, ohne die Eltern in der Nähe zu wissen, konnte sich der kleine König nur schwer anfreunden. Dennoch beschloss er, diese Möglichkeit einmal auszuprobieren.

Anfang Januar kam Onkel Tom aus Weinheim zu Besuch, der Ende des Jahres in Indonesien geheiratet hatte. Er brachte seine Stieftochter mit, die in Deutschland eine

Zeit als Au-pair arbeiten wollte und fragte die Königs-familie, ob sie daran interessiert sei. Der kleine König signalisierte mit seinem Lächeln eindeutig ›Ja‹, auch wenn er sich im Stillen das Ganze noch mal überlegte, da außerdem die Probeübernachtung in der Schatzinsel bevorstand. Dennoch war er fest entschlossen, bei allem, was die Eltern entlastete, mitzumachen.

Dann stand sein erster längerer Aufenthalt in der Schatzinsel an. An einem Freitagspätvormittag packten seine Eltern seinen Koffer und alles ein, was er für zwei Übernachtungen brauchte. Die Liste mit allen wichtigen Informationen war ausgefüllt und sein geliebter Ernie, der ihn inzwischen seit vielen Jahren begleitete, war auch dabei.

Mit gemischten Gefühlen machte sich die Königs-familie auf den Weg in Richtung Zußdorf. Nachdem der Koffer ausgepackt war und die Eltern alles Wich-tige besprochen hatten, verabschiedeten sie sich. Trotz Angst und Sorge gelang ihnen ein Lächeln. Da der kleine König spürte, dass seinen Eltern und seiner Schwester der Abschied nicht leichtfiel, hielt er sich tapfer, blieb locker und ließ sie, ohne eine Szene zu machen, gehen. Dabei bemühte er sich, sie nicht anzuschauen, sonst wären ihm vielleicht doch die Tränen gekommen. Auch die kleine Prinzessin ahnte, dass die Eltern Ruhe und Abstand brauchten, und hatte sich für das Wochenende kurzerhand bei der Oma in Ostrach einquartiert.

Der kleine König wusste nicht so recht, wie ihm in der Schatzinsel zu Mute war. Zunächst musste er sich an einiges gewöhnen. Mit dem Essen und Trinken hatte er keine Probleme, außerdem beobachtete er interessiert, was die anderen Kinder um ihn herum taten. Dennoch war für ihn die Situation ungewohnt. In der ersten Nacht machte er kaum ein Auge zu, da das Bett fremd und kleiner war als sein eigenes, auch die Geräusche waren anders. Zu seiner Beruhigung schaute die Nachtwache immer wieder bei ihm vorbei. Die zweite Nacht war für ihn schon einfacher. Natürlich hatte er mitbekommen, dass sein Vater und seine Mutter jeweils angerufen und sich nach seinem Befinden erkundigt hatten. Im Stillen freute er sich darüber, nach außen zeigte er jedoch ein Pokerface. Zu seiner Überraschung kam sein Schulkamerad, der im Internat lebte, bei ihm vorbei.

Als seine Eltern und seine Schwester ihn am Sonntagnachmittag abholten, verzog er keine Miene. Herr Umbreit nahm sie im Eingangsbereich in Empfang und erzählte, wie der kleine König dieses erste Wochenende verbracht hatte. Auf dem Nachhauseweg, am Abend vor dem Zubettgehen und am nächsten Tag spürten die Eltern, dass ihr kleiner König eingeschnappt war, weil sie ihm dies zugemutet hatten, obwohl es ihm laut Herrn Umbreit gefallen hatte. Wenn sie ihn auf die Schatzinsel ansprachen, zeigte er auch weiterhin keine Regung. Sie saßen da und rätselten, wie sie ihn aus der Reserve locken konnten, und sie schafften es auf Umwegen.

Hinter seinem Rücken hatte die Mutter mit Tante Rita aus Worms telefoniert. Es war ausgemacht worden, dass sie sich per Skype beim kleinen König am Abend melden sollte. Im Gespräch mit ihr zeigte er, dass es für ihn nicht leicht gewesen war, zum ersten Mal ohne Papa, Mama und der kleinen Prinzessin ganz alleine an einem anderen Ort zu sein und dort zu schlafen. Trotzdem hatte es ihm in der Schatzinsel sehr gut gefallen und er wollte gerne wieder dort übernachten.

Da er ja nicht sprechen konnte, hatten sich die Königsfamilie und alle, die mit ihm in Kontakt standen, angewöhnt, ihm Fragen zu stellen, die er mit Ja = Lächeln oder Nein = ernstes Gesicht beantworten konnte. Das erforderte von allen Beteiligten zwar etwas Übung, doch mit der Zeit klappte diese Kommunikation recht gut.

Nach dem Gespräch mit Tante Rita konnte er wieder mit seinen Eltern offen, fröhlich und lachend umgehen.

Als diese ihm erzählten, was sie an dem Wochenende gemacht hatte, musste er schon schmunzeln. Nachdem sie zum allerersten Mal, seit sie im neuen Haus wohnten, dort alleine waren, verfielen sie erst mal in einem Putz- und Waschwahn. Dass kein Kind war da, das irgendetwas von ihnen wollte, war für sie sehr gewöhnungsbedürftig. Ebenso ungewohnt war es, am Abend essen gehen zu können, ohne einen Babysitter zu brauchen und darauf zu achten, dass die Handys Empfang haben, um erreichbar zu sein. Am Samstag machte der Vater endlich mal nur das, wozu er Lust hatte, während die Mutter beim

Klausurtag des Pfarrgemeinderats war. Am Abend besuchten sie gemeinsam mit der kleinen Prinzessin die Vorabendmesse und lösten den Gewinngutschein in der Pizzeria ein.

Nach diesem Wochenende waren alle Beteiligten überzeugt, dass dies eine wichtige Erfahrung war, die sie wiederholen wollten. Gleichzeitig merkten sie, wie sehr sie sich gegenseitig brauchten und sie miteinander verbunden waren.

Die Zeit verging. In der Schule der kleinen Prinzessin stand der erste Elternsprechtag an und die Lehrerin und die Eltern waren sich einig. Ihre Präzision beim Malen und Schreiben hatte gehöriges Entwicklungspotenzial und außerdem trödelte sie zu viel.

Der März hielt Einzug. Gemeinsam mit dem Kinderarzt und der Hausärztin startete die Königsfamilie einen neuen Anlauf und beantragten bei der Krankenkasse eine Reha. Wieder kam schneller als gedacht die Ablehnung, so dass man meinen konnte, die Verantwortlichen hätten die Unterlagen nicht mal gelesen.

Gleichzeitig war ein neuer ›Porsche‹ für den kleinen König beantragt worden. Dies war wie so oft eine größere Aktion. Nachdem die Orthopädiefirma das Rezept für diesen Rolli mit den besonderen Rädern und dem Zusatzmodul, das vorne drangeklemmt werden konnte, um ihn geländetauglicher zu machen, mit dem Antrag und der Begründung eingereicht hatte, war erst mal

Funkstille. Dann suchte die Krankenkasse deutschlandweit, ob in irgendeinem Keller so ein Untergestell herumstand. Erst im Sommer, nachdem sie nichts gefunden hatten, konnte das Hilfsmittel bestellt werden.

Die Osterferien standen vor der Tür und somit auch der nächste Petö-Block für den kleinen König. Allmählich gehörte er dort zu den eingefleischten Hasen. Wie immer war das Männerteam in den Osterferien bei Petö, während die kleine Prinzessin sich täglich neu entscheiden konnte, ob sie bei Petö dabei war, die Zeit in Ostrach bei der Oma verbrachte oder die Mutter zur Arbeit begleitete.

Der Osterhase brachte dem kleinen König dieses Jahr einen tiptoi-Stift mit dem passenden Bauernhofbuch. Sobald er mit dem Stift auf ein Bild tippte, erklangen entsprechende Geräusche, Sprache oder Musik.

Am Ostermontag fuhren ihn die Frauen zu Petö und besuchten in der Wartezeit den ›Wackelwald‹ in Bad Buchau. Die kleine Prinzessin hatte großen Spaß, auf den Wegen in diesem Moorwald herumzulaufen, die bei jedem Schritt nachgaben.

Da sein Geburtstag auf den ersten Schultag nach den Osterferien fiel und er Mittagsschule hatte, feierte er schon am Sonntag beim Opa mit. Am Tag selbst ließ er seine Geburtstagsparty, die in der Schule begonnen hatte, zu Hause bei einem Abendessen mit Getti und Familie ausklingen.

Ob er an diesem Tag das Essen nicht vertragen hatte, seine letzten Milchzähne, die so nach und nach ausfielen, Probleme machten oder ob er sich einen Virus eingefangen hatte: In der Nacht fühlte er sich sehr schlecht und er blieb erst mal ein paar Tage zu Hause. Da er die folgenden Nächte sehr unruhig war, ging das ganze Familiensystem wieder einmal auf dem Zahnfleisch.

Es war höchste Zeit, den Widerspruch gegen den Krankenkassenbescheid einzulegen, da die Lage im Königshaus immer angespannter wurde. So setzte sich die Mutter an den Computer und beschrieb der Krankenkasse in anschaulicher Weise den ganz normalen Alltagswahnsinn der Königsfamilie. Sie schilderte einen Tag, an dem der kleine König Ferien hatte und sie als Mutter arbeiten musste. In diesem Schreiben machte sie deutlich, dass freie Zeit in so einer Situation ein Fremdwort war und sie als Eltern diese Reha nötig hatten. Sie hoffte, dass sich so endlich etwas bewegte.

Einige Wochen später meldete sich die Krankenkasse mit einem Vorschlag, wie der Widerspruch bereinigt werden könnte. Sie waren bereit, der Familie eine dreiwöchige Vater-Kind-/ Mutter-Kind-Kur zu genehmigen, nachdem sie eine Beratungsstelle besucht hatten. Die Klinik in Tannheim hatte der Königsfamilie zugesagt, dass sie bei einer Kostenzusage für eine Vater-Kind-/ Mutter-Kind-Kur kommen dürfen. Eine Kur in der Nachsorgeklinik schloss die Krankenkasse jedoch aus.

Die Pfingstferien begannen, doch der kleine König hatte den Eindruck, es wären die Winterferien. Es war kalt und verregnet, kein Sonnenschein war zu sehen und diese Wetterlage machte nicht nur seinem Papa zu schaffen. Die kleine Prinzessin füllte die freiwilligen Arbeitsblätter aus, die die Lehrerin mitgegeben hatte, seine Mutter erledigte viele Arbeiten im Haus. Gemeinsam mit Tante Rita aus Worms, die bei ihnen zu Besuch war, hüllte er sich in eine Decke und schmuste, weil es so kalt war.

Nach Pfingsten übernachtete er wieder in der Schatzinsel. Dieses Mal hatten sie nur eine Nacht gebucht und so war die Zeit überschaubar. Da er seinen letzten Aufenthalt dort in guter Erinnerung hatte, freute er sich auf die anderen Kinder und genoss die Tage. Beim Nachhausekommen erzählte ihm die kleine Prinzessin von einem Museum, das sie in Ravensburg mit der Mutter besucht hatte, dass er auch bald sehen sollte.

Kurze Zeit später stand sein nächstes Abenteuer bevor. Die Schule plante mit allen Kindern, die wie er im Sommer in die Hauptstufe 1 wechselten, eine zweitägige Fahrt ins Landschulheim. Beim Blick zum Himmel fragte sich der kleine König, ob er für die Fahrt nicht doch besser Winterklamotten einpacken sollte. Ob die Lehrerinnen wussten, worauf sie sich da einließen? Er beschloss, sich überraschen zu lassen, und packte sicherheitshalber seinen geliebten Ernie ein, der zugegebenermaßen mittlerweile etwas mitgenommen aussah, ein.

Gemeinsam mit seinen Klassenkameraden wurde er in den Bus gesetzt und schon brausten sie los. In der ersten Nacht schlief die Physiotherapeutin bei ihm im Zimmer und sorgte dafür, dass es ihm an nichts fehlte.

Die nächsten Tage wurde es richtig spannend: Der kleine König durfte eine Kuh melken und lernte, wie man aus der Milch Butter machte. Außerdem besuchten sie das Museum in Ravensburg vom Ravensburger Verlag, von dem ihm die kleine Prinzessin schon vorgeschwärmt hatte. Wenn er geahnt hätte, dass es in der Nähe ein Museum mit so unendlich vielen Spielsachen gab, hätte er es mit seiner Familie doch schon längst einmal besucht. Er fand, dass das keinem Kind entgehen sollte. Als Erinnerung an diese Tage brachte er ein selbst gebasteltes Fotoalbum mit.

Kurz nach seiner Rückkehr aus dem Landschulheim brütete der kleine König etwas Neues aus. Zunächst dachten die Eltern, es seien wieder seine Zähne, doch nach drei Tagen war klar: Er hatte sich einen Magen-Darm-Virus eingefangen, der sich munter auf die anderen Familienmitglieder verteilte. Erst befiel er das Männerteam, danach waren die Frauen dran. Glücklicherweise war der Zauber nach jeweils einem Tag überstanden. Da sie an ihrem Geburtstag krank war, verschob die kleine Prinzessin ihre Familienfeier auf das Wochenende und feierte den Kindergeburtstag erst kurz vor den Sommerferien. Glücklicherweise steckten sich Onkel Tom und seine Stieftochter, die im Begriff waren, die Rückreise nach Indonesien anzutreten, nicht an.

Kaum waren sie wieder gesund, überschlugen sich erneut die Ereignisse:

Da es dem Vater zunehmend schlechter ging, hatte er eine eigene Reha beantragt. Kaum hatte er seine Reha-Unterlagen eingereicht, kam die Genehmigung, dass er in einigen Wochen seine Reha antreten dürfe. Nachdem die Königsfamilie gerade mal ein Wochenende darüber geschlafen und sich Gedanken gemacht hatte, was bis dahin noch erledigt werden musste, rief die Klinik an und verkündete, er könne schon in zehn Tagen kommen. Das war ihnen dann doch zu kurzfristig, da zu viele Dinge zu organisieren waren. In Windeseile beantragten sie eine Dorfhelferin, die den kleinen König zu Petö fahren und die Mutter unterstützen sollte. Darüber hinaus musste neben der Anreise des Vaters zur Reha in die Pfalz die Kinderbetreuung und vieles geklärt werden.

Dem kleinen König war gleich klar, dass es bei dieser Entfernung nicht möglich war, seinen Vater zu besuchen. Wie sie die nächste Zeit meistern würden, konnte sich der kleine König nicht so richtig vorstellen. Da ihnen eine Dorfhelferin als Vollzeitkraft genehmigt wurde, sollte die Mutter für diese Zeit in den Sommerferien arbeiten.

Am Abend, bevor er zur Reha abreiste, verabschiedete sich der Vater von den Königskindern. Am nächsten

Morgen wurde er in aller Herrgottsfrühe von einem Nachbarn zum Bahnhof gebracht und das Abenteuer ohne Papa König begann.

Während der Vater sich an seine vorübergehende Unterkunft gewöhnte und sich mit dem Reha-Plan vertraut machte, brauchte der Rest der Familie Zeit, um sich mit seiner Abwesenheit zurechtzufinden. In den ersten Tagen überbrückten zwei Dorfhelferinnen gemeinsam die Zeit. Der kleine König vermisste seinen Papa schon sehr, nicht nur da ihn eine der Dorfhelferinnen zu Petö begleitete und fütterte. Es bemerkte zunächst keiner, dass ihm sein Gebiss an allen Ecken weh tat und er in der Nacht vor Schmerzen weinte, da sich die neuen Zähne den Weg in seinen Kiefer suchten.

Fünf Wochen können lang sein, das spürten er, die kleine Prinzessin und die Mama. Nachdem sie das erste Wochenende überlebt hatten, wurde es allmählich besser und sie machten das Beste aus der Situation.

Der Sonntag des ersten Wochenendes hatte sommerlich ruhig und mit der Sendung mit der Maus begonnen. Als die Mutter in die Küche Nudeln zum Kochen aufgesetzt hatte, wurde es plötzlich dunkel am Himmel. Ein starker Wind kam auf und schneller, als sie zuschauen konnten, flogen die Stühle im hohen Bogen von der Terrasse. Die ersten von ihnen konnte die Mutter noch retten, doch dann brach das Unwetter los. Der kleine König weinte in der unheimlichen Dunkelheit, die kleine

Prinzessin ließ die Mama aus Angst nicht mehr aus dem Haus. Kaum waren die elektrischen Rollläden heruntergelassen, damit der Hagel nicht die Scheiben zerschlug, war der Strom weg.

Ebenso schnell, wie der Himmel sich verdunkelt hatte, war der Spuk wieder vorbei, und erst da sahen sie das gesamte Ausmaß der Zerstörung. Ein Teil der Ziegel vom Schuppen hinter dem Haus sowie ein paar morsche Balken lagen auf der Straße und im Hof verteilt. Das Trampolin hatte sich von seiner Befestigung losgerissen und war weggeweht worden. Sie fanden es nach einiger Zeit kaputt in einem Gebüsch. Die Terrassenstühle lagen auf der anderen Straßenseite auf der Wiese und waren kaputt. Zum Glück hatten sie ein Handy und drüben in Ostrach gab es Strom. Die Mutter rief den Getti an, ob er beim Aufräumen helfen könne. Nachdem er um sein eigenes Haus herum aufgeräumt hatte, kam er mit seiner Frau.

Der Strom war immer noch weg, doch da die Nudeln im heißen Wasser nachgegart waren, hatten die Mutter und die kleine Prinzessin etwas Warmes zu essen. Dem kleinen König hingegen knurrte allmählich der Magen, da ohne Strom der Pürierstab nicht funktionierte. Um den ersten Hunger zu stillen, bekam er seinen Powerdrink, den er sonst immer erst am Abend trank. Per SMS informierte die Mutter den Vater in der Reha über das Unwetter und die Schäden. Der Strom ließ lange auf sich warten, daher ließ die Mutter die Kinder kurzzeitig allein. Bei einer alten Tante des Vaters in Ostrach pürierte und erwärmte sie das Mittagessen für den kleinen König, damit dieser etwas Warmes zwischen die Zähne bekam. Erst als die Kinder bereits im Bett lagen, kehrte der Strom zurück.

Wenige Tage danach war ein weiterer längerer Stromausfall über die Mittagszeit angekündigt, um die Schäden vom Wochenende zu beheben. Doch dieses Mal konnten sie vorsorgen. Sie bunkerten genügend heißes Wasser in Thermoskannen und brauchten das schon pürierte Essen nur noch im Wasserbad erwärmen.

Nachdem dieses Erlebnis überstanden war, konnte es nur noch besser werden. Die Zeit der Petö-Behandlung ging schnell vorbei. Der kleine König freundete sich langsam mit der Dorfhelferin an und ließ sich von ihr protestlos füttern. An den Wochenenden bekamen sie häufig Besuch, der sie unterstützte oder das Dorffest mit Grillen, Kaffee und Kuchen sorgte für Abwechslung.

Die Sommerferien neigten sich dem Ende entgegen und die letzten Tage der Reha des Vaters brachen an. Schon lange, bevor die Reha geplant worden war, hatten die Eltern den kleinen König für eine ganze Woche in der Schatzinsel angemeldet. Eine Woche in der Schatzinsel – dass konnte ja nur gut werden. Seine Mama hatte ihm außerdem erklärt, dass das Frauenteam währenddessen zu Onkel Theo nach Thaleischweiler-Fröschen fahren würde, um den Vater von der Reha abzuholen.

Auf dem Rückweg wollten sie in einer kleinen Einkaufs-
stadt – Outlet nannte sie es – shoppen gehen. Da würde
ja sicher auch etwas für ihn dabei sein. Das Wissen, dass
der Vater danach wieder zu Hause sein würde, motivierte
ihn zusätzlich. Dennoch fiel ihm der Abschied schwer.

In der ersten Nacht hatte er für die Pfleger eine
Überraschung parat. Am Nachmittag war noch alles in
Ordnung. Gemeinsam mit dem Betreuer hatte er eine
Geburtstagskarte für die Oma geschrieben und zum
Briefkasten gebracht. In der Nacht wurde er unruhig
zeigte ihnen, wie beweglich er sein konnte. Am nächs-
ten Morgen rief die Pflegerin an und erzählte, dass der
kleine König in der Nacht mit dem Bett ›gekämpft‹ hatte
und eine Beule und eine kleine Wunde auf der Nase da-
vongetragen hatte. Danach machte er aber kein weiteres
Theater, sondern genoss die Zeit in der Schatzinsel mit
Spielen, gutem Essen und bei den netten Betreuern der
Schatzinsel.

Das Frauenteam besuchte von Thaleischweiler-Fröschen aus den Papa und nutzte ausgiebig das Schwimmbad im Garten von Onkel Theo. Die kleine Prinzessin
ging zum ersten Mal in ihrem Leben mit ihren großen
Cousins, die fast ihre Väter sein konnten, zum Jahr-
markt und etablierte sich als kleine Glückshexe. Voll
bepackt mit den Eindrücken und ihren Gewinnen kam
sie nach Hause und verarbeitete diese Erlebnisse lebhaft
im Schlaf. Da sie das Bett mit der Mutter teilte, war an
deren erholsamen Schlaf nicht zu denken.

An einem der folgenden Tage wurde der Vater aus der Reha entlassen. Das Frauenteam holte ihn ab und da er ihnen die Gegend zeigte, die er mit dem Fahrrad in dieser Zeit erkundet hatte, fuhren sie auf Umwegen zu Onkel Theo zurück. Sie kauften Schuhe ein und besuchten zwei Burgen, von denen es einen herrlichen Blick in die Rheinebene und den Pfälzer Wald gab. Am nächsten Tag machten sie sich gemütlich auf den Heimweg und besichtigten unterwegs noch eine Schokoladenfabrik, von der sie etwas Vorrat mitnahmen.

Daheim angekommen brauchte der Vater einige Zeit, um sich wieder einzugewöhnen. Für die Mutter begann direkt am Montag der Alltag und auch die kleine Prinzessin bereitete ihre Schulsachen für den ersten Schultag in der zweiten Klasse vor.

Der kleine König, der erst am Sonntag aus der Schatzinsel zurückkehrte, freute sich auf Neuland. Als ›großer Schüler‹ wechselte er in diesem Schuljahr in die Hauptstufe 1. Da er diesmal einen Mann als Lehrer bekommen sollte – was seiner Meinung nach nur gut gehen konnte –, schaute er dem ersten Schultag entspannt entgegen. Damit sollte er recht behalten. Wie sich zeigte, hatte er mit der Umstellung keine Probleme, außerdem durfte er an einem der langen Tage bei seiner alten Lehrerin essen und teilweise die Mittagspause mit ihr verbringen.

In der Zwischenzeit hatte die Mutter die ganzen Unterlagen vom Antrag der Reha, dem Widerspruch und allen

Schreiben der Krankenkasse zu einer netten Frau von der Diakonie gebracht. Diese wollte sich für die Königsfamilie um eine passende Klinik für eine Vater-Kind/Mutter-Kind Kur kümmern. Trotz ihrer umfangreichen Anfragen bekam sie von den Kliniken nur Ablehnungen, da der kleine König zu pflegeaufwendig sei. Die einzige Zusage kam von einer Klinik im hohen Norden, doch eine 10-stündige Autofahrt hätte der kleine König aufgrund seiner Wirbelsäule und seinen Hüften nicht verkraftet. Zu Schulbeginn meldete sich die Frau von der Diakonie, dass sie an die Krankenkasse ein Schreiben geschickt hatte, in der sie aufzeigte, dass es keine Klinik gäbe, die für die Familie-Reha in Frage kommen konnte. Die ganzen Unterlagen gelangten so wieder zu der Stelle in Hamburg, bei der die schwierigen Fälle bearbeitet wurden.

Erst im Oktober erhielten sie neue Nachrichten. Der zuständige Fachmann von der Krankenkasse rief an, er habe eine Klinik gefunden, die zumindest mal gelbes Licht für eine dreiwöchige Vorsorgekur für die Königsfamilie gab. Daraufhin füllten sie Formulare aus, kopierten Berichte und erlebten wieder eine weitere Warteschleife, in der die Klinik prüfte, ob sie den kleinen König optimal betreuen könnte. Erst im Dezember erhielten sie die Zusage. Im Mai des nächsten Jahres durfte die Königsfamilie für drei Wochen an einer Vorsorgekur in Staufen teilnehmen.

Ob es dem Vater nach seiner Reha wirklich besser ging, konnte der kleine König nicht wirklich abschätzen. Außerdem machte er sich Sorgen um seine Mutter. Natürlich hatte sein Papa einige Tipps bekommen, wie er sich entspannen und Kraft tanken konnte, und nahm sich mehr Zeit für sich. Darüber hinaus bekamen sie mehr Unterstützung von der Sozialstation. Dennoch schien nach wie vor nicht alles in Ordnung zu sein.

Die Schule hatte gerade erst begonnen, da gab es schon wieder ein verlängertes Wochenende wegen eines Feiertages. Da seine Mutter im Sommer keinen Urlaub hatte, beschloss sie, sich für ein paar Tage alleine auf den Weg zu machen und mietete sich am Bodensee ein. Nicht weit weg, aber so, dass sie Abstand, Ruhe und Zeit für sich hatte. Der kleine König verbrachte diese Tage wieder in der Schatzinsel und die kleine Prinzessin hatte sich bei der Oma eingeladen. Der Vater hingegen genoss das stille Haus und ließ außerdem eine Darmspiegelung vornehmen – der kleine König hätte sich an seiner Stelle ein anderes Freizeitvergnügen ausgesucht.

Im Herbst hatte der kleine König erneut einen Termin im SPZ in Tübingen und wieder verbrachten sie die meiste Zeit im Wartebereich. Nach der Untersuchung erklärte ihnen die Ärztin, dass die Wirbelsäulen-Operation nicht zu vermeiden sei und spätestens im nächsten Jahr erfolgen sollte.

Die Herbstferien standen an und das Frauen- und Männerteam hatten wieder einmal unterschiedliche Wege geplant. Die kleine Prinzessin besuchte zunächst den Kinderbibeltag in Ostrach, während die Mutter beim Impulswandern war. Anschließend fuhren sie gemeinsam für einen Kurzurlaub zu Tante Rita nach Worms. Die Männer hatten bis Mittwoch frauenfreie Zone. Danach wollten die Frauen wieder nach Hause kommen. Sowohl das Männerteam wie das Frauenteam erlebten einige schöne Tage. Die restlichen Herbstferien verbrachten sie mit gemeinsamen Spielen und Ausflügen in die nähere Umgebung.

Dann ging das Jahr wie im Flug vorbei. Kurz nach den Herbstferien wurde der neue Rolli geliefert, in dem der kleine-große König wieder richtig reinpasste. In der Schule lief alles gut weiter. Beim Elternsprechtag lernten die Eltern den Klassenlehrer kennen und nach dieser Begegnung war klar, weshalb ihr Sohn so begeistert war. Auch die anderen Eltern bestätigten, dass er sich empathisch um die Kinder kümmerte und sie gleichzeitig begeistern konnte. Im Gespräch erzählte der Lehrer von der Wahl der Schülermitverwaltung und wie erstaunt er war, wie deutlich der kleine König zeigte, wen er wählen wollte.

Die Adventszeit kam und zu Hause machten sich Maria und Josef im Flur wieder auf den Weg nach Bethlehem.

Engagiert machte der kleine König in der Schule beim Weihnachtstheater mit, das für den letzten Schultag vorbereitet wurde. Dieses wurde nach dem Prinzip des basalen Theaters umgesetzt, einem ganzheitlichen Erlebnistheater, das einen nonverbalen Zugang ermöglicht. Bei der Aufführung erlebten sie in der Turnhalle die Weihnachtsgeschichte mit allen Sinnen. So ging es mit großen Schritten auf Weihnachten zu und wie es schon fast Tradition war, feierte Tante Rita aus Worms das Weihnachtsfest mit ihnen und staunte über die Theaterdarbietung in der Schule des kleinen Königs.

Wie ging es mit dem kleinen König weiter?

Die Geschichten des kleinen Königs enden im Jahr 2013, die zunehmende Belastung im Alltag der Familie ließen die Fortsetzung nicht zu. Was geschah in den folgenden Jahren?

In der Zeit von 2014 bis Juni 2019 erlebte der kleine König noch viele Abenteuer, von denen es keine aufgeschriebenen Geschichten mehr gibt. Die wichtigsten Ereignisse sollen hier noch kurz geschildert werden.

Im Frühjahr 2014 durfte die ganze Familie in der Nähe von Freiburg zu einer Vater-Kind und Mutter-Kind- Kur in eine Klinik gehen. Die Belastungen des Alltags mit der Pflege des kleinen Königs beeinträchtigte das ganze Familiensystem. Die Eltern waren an ihrer Belastungsgrenze. Auch die kleine Prinzessin, deren schwindende Konzentration und draufgängerisches Verhalten klare Signale setzten, brauchte Zeit mit den Eltern, ihre Aufmerksamkeit und Zuneigung.

Nach diesem Kuraufenthalt wurde für den kleinen König ein ›MOTOmed‹, ein weiteres Hilfsmittel, beantragt, das auch schnell genehmigt und geliefert wurde. Dieses motorbetriebene Gerät ermöglichte ihm, im Rolli sitzend Fahrrad zu fahren. Es förderte seine Beweglichkeit und wenn seine Spastik verhinderte, dass er weitertreten konnte, schaltete es sich automatisch in den Rückwärtsgang. Diese Bewegungsmöglichkeit tat seinem ganzen Organismus gut und brachte Abwechslung in den Alltag.

Im Jahr 2015 feierte seine Schwester das Erstkommunionfest und er verfolgte mit großem Interesse die Entscheidungsfindung, welche Schule sie nach der Grundschule besuchen sollte.

Mehrmals verbrachte der kleine König ein Wochenende oder eine Ferienwoche in der Schatzinsel in Zußdorf, die ihm zur zweiten Heimat wurde. Volker, der Leiter dieser Schatzinsel, sorgte für ein abwechslungsreiches Programm und hatte einen guten Draht zum kleinen König, so dass dieser sich immer mehr auf die Aufenthalte einlassen konnte. Er liebte das Zusammensein mit den anderen Kindern, denen es ähnlich ging wie ihm. Gleichzeitig merkte er, dass es seinen Eltern und seiner Schwester guttat, wenn sie eine entspannte Zeit miteinander erleben konnten oder sogar für ein paar Tage verreisten.

Ein besonderes Highlight war die Hochzeit seiner Cousine im Herbst 2015. Sicher war es für den kleinen König auch ein anstrengender und aufregender Tag, doch das hatte er wirklich noch nie erlebt:

Bei ihrer Ankunft im Festsaal wurde der Vater vom Küchenchef nach den Essensvorlieben des kleinen Königs befragt. Als Überraschung präsentierte ihm der Koch einen besonderen Hauptgang. Während die anderen Gäste ihr Essen erhielten, wurde ihm ein Teller gebracht, der genauso aussah, wie der aller anderen Gäste – mit einem kleinen Unterschied: Alles war fein püriert und in Form gebracht worden. Feiner, zarter Rinderfiletbraten, sahniges Kartoffelgratin, zartes Karottengemüse, feiner Kohlrabi, Brokkoli, ein echter Genuss. Zum Dessert bekam er außerdem einen Teller mit vielen unterschiedlichen Farbtupfern, die aus verschiedenem püriertem Obst bestanden, es war ein wahrer Augenschmaus. Der Vater und die anderen Gäste an der Festtagstafel konnten gar nicht so schnell schauen, wie er dieses Menü verspeiste.

Im Sommer 2016 flog das Frauenteam für drei Wochen nach Indonesien, um an einer Hochzeit teilzunehmen, und der kleine König erlebte eine besondere, intensive Zeit mit seinem Vater. Neben den täglichen Besuchen der Petögruppe skypten sie unter Berücksichtigung der Zeitverschiebung regelmäßig mit dem Frauenteam. Zu gerne wäre er mitgeflogen, um wieder diese fremde Sprache zu hören. Doch die Strapazen dieser Reise waren für den kleinen König und seinen zarten Körper nicht möglich.

Während sein Vater im Herbst für eine paar Tage mit seinem Chor nach Rom reiste, unterstützte die Sozialstation die Mutter, weil sie nicht mehr die Kraft hatte, den kleinen König in sein Zimmer tragen zu können. Die anderen Tage genoss er in der Schatzinsel und freute sich, als seine ganze Familie zum Abholen kam.

Nachdem sich die Ferienwohnung, die sie für die Hochzeit der Cousine gemietet hatten, bewährt hatte, machte die Königsfamilie dort 2017 eine Woche Urlaub mit dem kleinen König.

Ein Jahr später bildete die Firmung und die Vorbereitung darauf in der Schule für den kleinen König einen besonderen Höhepunkt. Nach dem Firmgottesdienst in der Schule wurde im Familienkreis zu Hause weiter gefeiert.

Immer wieder freute sich der kleine König über die Besuche der treuen Freunde der Eltern, die Abwechslung in den Alltag brachten. Interessiert verfolgte er die Entwicklung seiner Schwester, die für jeden Blödsinn zu haben war und ihn überall mit einbezog. Es war für sie selbstverständlich, dass ihr Bruder dabei sein durfte, wenn ihre Freundinnen da waren. Sie waren ein Herz und eine Seele.

Im April 2019 verbrachte der kleine König mit seinem Vater in der vertrauten Vater-Kind-Klinik in der Nähe von Freiburg einen Kuraufenthalt, der für beide eine intensive Zeit war. Am Geburtstag des kleinen Königs kam das Frauenteam mit einem Überraschungsgeschenk zu Besuch und sie erlebten miteinander einen wunderschönen Tag.

Der kleine König ging immer noch gerne in die Schule und war stets unzufrieden, wenn er zu Hause bleiben musste, weil er krank war oder ein Arzt- oder Kliniktermin anstand. Da er, obwohl ihn sein Vater mit einer Engelsgeduld und Ausdauer fütterte, immer noch zu wenig wog, diskutierten die Ärzte, ob er eine PEG-Sonde bekommen sollte, über die er künstlich ernährt werden könnte. Die Eltern konnten sich jedoch nicht dafür entscheiden. Für sie stellte die Sonde einen Fremdkörper dar, den sie ihrem Sohn nicht zumuten wollten. Außerdem wollten sie ihm nicht das Geschmackserleben einschränken, wofür ihnen der kleine König dankbar war.

Ebenso besprachen die Ärzte mit den Eltern die Möglichkeit der Versteifung seiner Wirbelsäule, um die Skoliose in den Griff zu bekommen. Die Eltern sahen darin schon einen gewaltigen Eingriff und fragten sich, ob das wirklich sein musste und wenn ja, wann dafür der richtige Zeitpunkt wäre. Würde man mit dem Korsett die Skoliose nicht so weit ausgleichen können, dass seine inneren Organe nicht geschädigt wurden? Diese schwerwiegenden Fragen beeinträchtigten den Alltag der Königsfamilie, im tiefsten Inneren wollten sie diese OP ihrem kleinen König nicht zumuten.

Die Erlösung kam Ende Mai 2019: Bei der Untersuchung in der Klinik in Tübingen stellten die Ärzte fest, dass sich seine Skoliose nicht weiter verschlechtert hatte und von einer Operation abgesehen werden konnte. Eine Woche später hatte der kleine König einen Termin bei seinem Kinderarzt zur Blutabnahme, und zum ersten Mal seit seiner Erkrankung am Pfeifferschen Drüsenfieber waren seine Blutwerte normal. Alles schien in die richtige Richtung zu gehen.

Sein Vater feierte seinen Geburtstag und der kleine König zeigte den Gästen, wie motiviert, wie lange und wie gut er mit seinem ›MOTOmed‹ fahren konnte.

Die Pfingstferien begannen und der kleine König packte seine Koffer für eine Woche Urlaub in der Schatzinsel. Seine Eltern wollten mit seiner Schwester eine Woche in Urlaub in der Heimat der Mutter verbringen.

Während der kleine König die sehr sommerlichen Tage mit seinen Freunden und dem Pflegepersonal in der Schatzinsel genoss, spielte, sich vorlesen ließ und viel erlebte, verbrachten seine Eltern und die kleine Prinzessin eine ebenso schöne Zeit in ihrer Ferienwohnung mit Begegnungen, Besuchen und Ausflügen.

Diese wundervolle Zeit endete für die Familie sehr plötzlich beim Frühstück an einem Morgen in der Urlaubswoche. Volker, der Leiter der Schatzinsel, rief an und sagte, dass sie ihren kleinen König am Morgen reglos im Bett vorgefunden hatten und er nicht mehr lebte. Die Nachricht veränderte das Leben der Familie ebenso wie damals bei der Geburt.

***

Im Herzen lebt der kleine König in der Königsfamilie weiter und mit diesem Buch möchten sie die Erinnerung an ihn wachhalten. Das Leben der Königsfamilie geht weiter und doch vermissen sie ihren kleinen König sehr und der Schmerz darüber, dass er nicht mehr ist, bleibt. Der Schmerz hat sich in den vier Jahren, die inzwischen vergangen sind, gewandelt. Die Lücke bleibt und ebenso die vielen schönen Erinnerungen und die Liebe. Das Wissen und der Glaube, dass der kleine König mit seiner Freundin Kim, die ein Jahr vor ihm gestorben ist, und mit allen seinen Lieben bei Gott einen Platz gefunden hat, tröstet, und ebenso sein Lächeln, das er in seinem Tod hatte.

Für die Familie war die Reha für verwaiste Familien in der Nachsorgeklinik Tannheim eine große Hilfe auf dem Weg durch die Trauer. Nach zwei Jahren konnten sie die Krankenkasse davon überzeugen, dass diese

Reha für alle Beteiligten nötig ist. Mit sieben weiteren Familien, die ein ähnliches Schicksal teilen, erlebten sie im Mai 2021 vier intensive Wochen. Durch den Austausch mit den anderen Eltern konnten sie das Erlebte verarbeiten. Auch die Kinder und Jugendlichen, die sich in der Geschwistergruppe mit ihren Gefühlen und ihrer Trauer auseinander setzen konnten, haben von dieser Zeit profitiert und es sind Freundschaften entstanden, die weitertragen.

Am Ende dieses Buches...

Es ist mir ein großes Anliegen, auf dieser letzten Seite des Buches DANKE zu sagen.

Wenn ich zurückdenke, wie dieses Buch zustande kam, dann gilt der erste Dank dem Mediathoughts Verlag, insbesondere Dr. Thomas Michael Glaw, Dorothea Lubahn und Ulrike Parnow für die professionelle Unterstützung und Begleitung bei der Verwirklichung des Buches. Es war für mich eine sehr angenehme und gewinnbringende Zeit mit euch, die neben aller Arbeit und Mühe auch viel Freude bereitet hat.

Dank gilt auch meinem Mann und meiner Tochter, die mir in den vergangenen Monaten den Rücken freigehalten haben, ein offenes Ohr für die ein- oder andere Textpassage hatten und mir immer zur Seiten standen, wenn Textpassagen umgeschrieben werden mussten.

Ebenso danke ich auf diesem Weg allen, die uns als die Geschichten entstanden, begleitet haben. Allen, die uns während des langen und doch kurzen Lebens unseres kleinen Königs aktiv unterstützten, mit ihrem Gebet begleitet und immer wieder mit Rat und Tat zur Seite standen.

Die zurückliegenden Monate waren eine sehr emotionale Zeit, in der viele Erinnerungen lebendig und Schmerz nochmals spürbar wurde. Doch die Dankbarkeit, dass wir Tobias durch sein Leben begleiten durften, darf jetzt im Vordergrund stehen.

Unser kleiner König hat unser Leben bereichert und wir durften in diesen Jahren lernen, was wirklich wichtig ist im Leben.

Hilfesysteme, Therapien und Hilfsmittel

Als unser Sohn damals auf die Welt kam, waren wir auf ein Leben mit einem besonderen Kind nicht vorbereitet. Zeit seines Lebens konnte er weder sprechen, laufen oder selbstständig essen.

Mit der Zeit lernten wir folgende Hilfesysteme kennen, über die wir als Familie Unterstützung bekamen und Therapieangebote und Hilfsmittel, die unseren Sohn in seiner Entwicklung gefördert und gesundheitlich geholfen haben:

Hilfesysteme

Behindertenausweis

Den Behindertenausweis erhält man über das Sozialamt, das meist über das Landratsamt zu erreichen ist. Mit dem Antrag sind sämtliche Arztbriefe und Diagnosen einzureichen und die jeweiligen Ärzten von der Schweigepflicht zu befreien, damit sie dem Versorgungsamt Auskunft geben können.

Je nach Umfang der Einschränkungen wird der Grad der Behinderung festgelegt. Dies kann auch rückwirkend geschehen. Die Buchstaben auf dem Ausweis geben die gesundheitlichen Merkmale der Behinderung an. Mit dem Behindertenausweis kann - je nach Grad der Behinderung - ein Parkausweis für das Parken auf Behindetenparkplätzen beantragt werden.

Frühförderung

Als Frühförderung werden Maßnahmen bezeichnet, die Kinder mit einer Behinderung oder Verhaltensauffälligkeiten unterstützen. Die Förderung kann dazu beitragen, dass folgenschwere Behinderungen vermieden oder vermindert werden. Sie kann bereits ab der Geburt bis spätestens zum Schuleintritt in Anspruch genommen werden.

Der Förderbedarf wird in der Regel vom Kinderarzt bei den Früherkennungsuntersuchungen (U1-9 Gelbes Heft) festgestellt. Er vermittelt auch den Kontakt zur Frühförderungsstelle, die Eltern bei der Antragsstellung unterstützt und z.B. der Wahl des Kindergartens berät.

Dorfhelferin/Dorfhelfer

Eine Dorfhelferin unterstützt Familien mit mindestens einem Kind unter 14 Jahren im ländlichen Raum, wenn ein Elternteil für längere Zeit ausfällt oder mit einem weiteren Kind in die Klinik muss, und kein erwachsenes Familienmitglied die Versorgung übernehmen kann. Sie wird in der Regel über die Krankenkasse beantragt, manchmal auch über den Rentenversicherungsträger, teils auch über das Sozial- und Jugendamt. Dem Antrag ist eine ärztliche Bescheinigung über die Notwendigkeit von Haushaltshilfe nach § 38 SGB V mit der voraussichtlichen Dauer beizufügen. Die Vermittlung erfolgt über die örtliche Gemeindeverwaltung.

In Städten wird es oft auch Familienhelferin genannt.

Pflegegrad

Die Pflegegrade legen fest, welche Zuschüsse Versicherte durch ihre Pflegekasse erhalten. Mit zunehmender Bedürftigkeit steigt die Höhe der Geld- und Sachleistungen. Über den Medizinischen Dienst der Pflegekasse wird die Einstufung in einen Pflegegrad ermittelt. Bei dieser Beurteilung wird geprüft, in welchen Bereichen die Person Hilfe benötigt. Die Höhe des Pflegegeldes richtet sich nach dem Pflegegrad. Die Person, die die Pflege übernimmt, kann dies bei der Rentenversicherung geltend machen.

Verhinderungspflege

Ab Pflegegrad 2 können Pflegeaufwendungen für eine Verhinderungspflege für bis zu 6 Wochen pro Kalenderjahr geltend gemacht werden. Verhinderungspflege kann beantragt werden, wenn die pflegende Person aufgrund von Urlaub, Krankheit oder aus anderen Gründen vorübergehend an der Pflege gehindert ist. Die Pflege kann durch nahe Angehörige, sonstige Personen oder von einem zugelassenen Pflegedienst übernommen werden.

Die Verhinderungspflege bietet sich insbesondere für eine Erholung der pflegenden Person an, da der Pflegealltag große Belastungen und Überforderungen mit sich bringen kann.

Die Kosten werden mit der Pflegekasse abgerechnet.

Sozialstation

Sozialstationen vereinigen mehrere Dienstleistungen, wobei das Hauptarbeitsfeld die ambulante Pflege darstellt. Das Angebot der Sozialstationen umfasst unter anderem Alten- und Krankenpflege, Krankenhausnachsorge, Familienpflege, Beratung, hauswirtschaftliche Versorgung, Vermittlung von Hausnotruf sowie Essen auf Rädern. Getragen werden die Sozialstationen meist von den Wohlfahrtsverbänden, z. B. Deutsches Rotes Kreuz, Caritas oder Diakonie.

Die Sozialstationen /Pflegedienste bieten auch Verhinderungspflege an.

Kurzzeitpflege

Ab Pflegegrad 2 kann ein Patient für bis zu 8 Wochen pro Kalenderjahr Kurzzeitpflege in einer Einrichtung die für die Person geeignet ist, in Anspruch nehmen. Die Wochen müssen nicht zusammenhängend genommen werden.

Wird im laufenden Kalenderjahr keine oder nicht die volle Leistung für eine Verhinderungspflege in Anspruch genommen, können die verbleibenden Leistungen für Verhinderungspflege auch für die Kurzzeitpflege eingesetzt werden.

Therapien

Ergotherapie

Ergotherapie unterstützt Menschen, deren Handlungsfähigkeit eingeschränkt oder von Einschränkung bedroht ist. Mit entsprechenden Übungen werden ihre Fähigkeiten in den Bereichen Selbstversorgung, Produktivität und Freizeit in ihrer persönlichen Umwelt gestärkt. Durch Aktivitäten, Umweltanpassung und Beratung werden die Handlungsfähigkeiten im Alltag trainiert sowie gesellschaftliche Teilhabe und eine Verbesserung der Lebensqualität ermöglicht.

Die Behandlung von Kindern und Jugendlichen richtet sich nach ihrem tatsächlichen Entwicklungsstand und erfolgt mit einer dem Bedarf entsprechenden Therapie. Behandlungsziele sind unter anderem:

- Verbesserung der Bewegungsabläufe, der Tonusregulation und der Koordination
- Verbesserung der Sinneswahrnehmung und der Wahrnehmungsverarbeitung

- Verbesserung von Konzentration, Ausdauer und kognitiver Leistung
- Stärkung der Motivation und Neugierde
- Integration in Familie und Umwelt inkl. der intensiven Auseinandersetzung mit der Umwelt und der Kompensation bleibender Defizite
- Größtmögliche Selbstständigkeit im Alltag, in der Schule und im weiteren Umfeld

Physiotherapie nach Bobath

Das Bobath-Konzept ist ein Behandlungskonzept für Menschen mit Störungen des zentralen Nervensystems. Sie richtet sich an Patienten mit Einschränkungen der Motorik, der Wahrnehmung oder des Gleichgewichts aufgrund neurologischer Störungen. Es beruht auf der Annahme der „Umorganisationsfähigkeit" des Gehirns, das heißt, dass gesunde Hirnregionen die zuvor von den erkrankten Regionen ausgeführten Aufgaben neu lernen und übernehmen können.

Der Bobath-Therapeut stimuliert in der Therapie gezielt die gesunden Bereiche, so dass sich neue Verbindungen im Gehirn bilden. Hierdurch wird die Eigenaktivität des Patienten sowie eine effiziente Haltungs- und Bewegungskontrolle gefördert.

Die Therapie unseres Sohnes war sehr feinfühlig und auf das Kind abgestimmt. Durch diagonale Bewegungen wurde die rechte und linke Hirnhälfte stimuliert.

Vojta-Therapie

Mit der Reflexlokomotion werden elementare Bewegungsmuster bei Menschen mit geschädigtem Zentralnervensystem und Bewegungsapparat zumindest in Teilbereichen wieder zugänglich gemacht. Ein Reflex ist eine stets gleiche Reaktion auf einen bestimmten Reiz, die nicht bewusst gesteuert werden kann. Lokomotion bezeichnet allgemein die Fähigkeit der Fortbewegung.

Bei der Vojta-Therapie übt der Therapeut beim Patienten in Bauch-, Rücken- oder Seitenlage einen gezielten Druck auf bestimmte Körperzonen aus. Diese Reize lösen bei Patienten jeden Alters automatisch und ohne aktive willentliche Mitarbeit des Betroffenen, reflexartige Bewegungen aus. Durch die Reflexlokomotion werden beim Patienten die für spontane Bewegungen im Alltag benötigten Muskelfunktionen, besonders an der Wirbelsäule, aber auch an Armen und Beinen, Händen und Füßen sowie im Gesicht, aktiviert.

Logopädie

Logopädie ist die Fachdisziplin, die Sprach-, Sprech-, Stimm-, Schluck- oder Hörbeeinträchtigung zum Gegenstand hat. Ziel der logopädischen Therapie ist, die Störungen der Stimme, der Sprache, des Redeflusses, der Artikulation oder des Schluckens zu beheben, bzw. zu bessern, um so die soziale Integration zu erleichtern. Das primäre Ziel ist die Anbahnung der gesprochenen Sprache. Ist diese auf Grund des Schweregrades oder

der Art der Behinderung nicht möglich, werden alternative Kommunikationsformen erarbeitet, wie z.B. Gebärden, der Umgang mit Kommunikationstafeln oder Computern mit Sprachausgabe.

Padovan-Therapie
Padovan-Therapie ist eine Form der Logopädie mit einem ganzheitlichen Ansatz. Sie wurde von der Pädagogin und Logopädin Beatriz A. E. Padovan entwickelt und macht sich sowohl neurologische Erkenntnisse als auch Lehren der Anthroposophie zu Nutze. Im Kern der Methode befindet sich die Verbindung zwischen Bewegung, Sprache und Denken.
Zu den Übungen werden Kinderlieder gesungen. Jedes Lied ist einer speziellen Bewegung zugeordnet. In Baiersbronn im Schwarzwald gibt es ein Zentrum, die Intensivwochen dazu anbieten.

Petö
Petö ist eine Therapieform, die von dem ungarischen Arzt Andras Petö entwickelt wurde. Sie verfolgt den Ansatz, dass jeder hirngeschädigter Mensch alle Körperhaltungen des menschlichen Lebens erleben können sollte.
In Deutschland gibt es seit vielen Jahren den ›Bundesverband Konduktive Förderung nach Petö e.V.‹, der sich dafür einsetzt, dass vor Ort solche Therapien in Blöcken während der Schulferien stattfinden.

Reha

Mit einer Rehabilitationsmaßnahme, kurz Reha, soll der ursprüngliche Gesundheitszustand eines oder einer Erkrankten wiederhergestellt werden. Sie zielt darauf ab, eine körperliche oder psychische Erkrankung zu mildern oder ganz zu beheben. Eine stationäre Reha ermöglicht darüber hinaus, aus dem Alltag herauszukommen, die eigene Situation zu reflektieren und neue Handlungsmethoden zu entwickeln, um den Alltag besser zu meistern.

Eine Reha wird bei der Krankenkasse oder der zuständigen Rentenversicherung beantragt.

Die familienorientierte Reha der Nachsorgeklinik Tannheim verfolgt den Ansatz, dass die Familie der Patient ist, das heißt alle von der Krankheit betroffen sind. Es ist jedoch keine Pflichtleistung der Krankenkasse und benötigt gut formulierter Anträge, Arztberichte und vieles mehr.

Hilfsmittel

Stehbrett

Das Stehbrett ermöglicht ein stufenloses Aufrichten des Patienten aus der liegenden Position bis maximal 85°. Der Patient wird durch Haltegurte im Knie , Becken- und Brustbereich fixiert.

Fuß-/Bein-Orthesen

Es gibt verschiedene Arten von Orthesen, die den Fuß, das Fußgelenk oder das Bein stabilisieren. Die Orthesen unseres Sohnes bestanden aus Schienen, die wie Schuhe aussahen und den Füßen Halt gaben.

Ringorthesen

Die Ringorthese ist ein orthopädietechnisches Hilfsmittel, das für einen individuellen Fuß speziell angefertigt wird. Die Orthese soll das Gehen und Stehen ermöglichen, erleichtern oder eine andere medizinische Anforderung erfüllen.

S.W.A.S.H.-Orthese

Die dynamische Hüftabduktionsorthese wird zur Stabilisierung des Hüftgelenks eingesetzt und dient gleichzeitig dazu, die Rotation und die Bewegung bzw. Streckung der Hüfte einzuschränken. Die Orthese unseres Sohnes sorgte dafür, dass seine Beine nebeneinander liegen blieben.

S.W.A.S.H. ist eine eingetragene Marke der PRIM S.A.

Armschiene

Die an die Hand angepasste Armschiene verhindert, dass sich die Hand regelmäßig nach innen dreht, und ermöglicht eine bessere Haltung.

Skoliose-Korsett

Ein Skoliose-Korsett gehört zur Familie der Orthesen. Es soll das Wachstum der Wirbelsäule lenken und wird deshalb vor allem während der Wachstumsphase eingesetzt.

Ziel der Korsettbehandlung ist, dass die Krümmung zum Ende des Wachstums in einem Bereich ist, mit der man ohne Probleme auf Dauer leben kann. Mithilfe des Skoliose-Korsetts lässt sich eine Operation in vielen Fällen verhindern. Das gelingt nur, wenn das Korsett von Anfang an passgenau ist, eine gute Korrektur ermöglicht und regelmäßig getragen wird.

MOTOmed

Die MOTOmed-Geräte ergänzen physio-, ergo- und sporttherapeutische Maßnahmen. Das Gerät wird vor den Rollstuhl/Stuhl gestellt und die Patienten können die Muskulatur der entsprechenden Körperteile trainieren.

Durch das motorbetriebene Gerät konnte unser Sohn im Rolli sitzend Fahrrad fahren. Es förderte seine Beweglichkeit und wenn seine Spastik das Weitertreten verhinderte, schaltete es sich automatisch in den Rückwärtsgang.

MOTOmed ist eine eingetragene Marke der RECK-Technik GmbH & Co. KG

BIGmack

Ein BIGmack ist ein Taster mit einer Aufnahmefunktion. Je nachdem, ob die Aufnahme am Stück oder in Abschnitten aufgezeichnet wurde, kann sie durch das Drücken der Taste vollständig oder in Abschnitten abgespielt werden.

BIGmack ist eine eingetragene Marke der AbleNet, Inc.

PowerLink

Der PowerLink ist ein elektrisches Gerät, das mit dem Strom verbunden wird. Auf dem PowerLink befinden sich zwei Steckdosen, in die elektrischen Geräte eingesteckt werden und die über einen Taster vom BIGmack aus bedient werden. Unser Sohn konnte damit Küchengeräte wie das Handrührgerät, den Pürierstab oder die Kaffeemaschine ein- und ausschalten.

PowerLink ist eine eingetragene Marke der AbleNet, Inc.

GoTalk 4+

Der GoTalk 4+ ist ein einfaches, leistungsfähiges Kommunikationshilfsmittel mit natürlicher Sprachausgabe, auf dem bis zu 22 Sprachmitteilungen gespeichert werden können. Die großen Symbolfelder reagieren auf leichten Druck und sind durch ein Fingerführraster voneinander getrennt.

GoTalk 4+ ist eine eingetragene Marke der Attainment Company, Inc.

Inhalt

Michael Barczok

Atem Los!
Ihre Lunge:
verstehen. schützen. stärken

ISBN: 978-3-947724-43-7
Klappenbroschur

Der Ulmer Lungenspezialist Michael Barczok veranschaulicht die Lungenfunktion und die Gefahren, die für dieses unersetzliche Organ in der heutigen Zeit existieren.

Neben Asthma und den Therapiemöglichkeiten, geht er ausführlich auf COPD (Chronic Obstructive Pulmonary Disease) und das Thema Allergien ein. Diese und andere Erkrankungen der Lunge werden in verständlicher Sprache erklärt, sodass auch Sinn und Wirkung der Therapien klar werden.

Neben diesem Blick auf Lungenkrankheiten geht der Autor auf die Gefahren durch Umweltverschmutzung und Klimawandel ein und bietet Wege und Methoden, um Lunge und Atmung zu schützen und zu stärken.

Erscheint am 05. September 2023

Vicente Blasco Ibanez

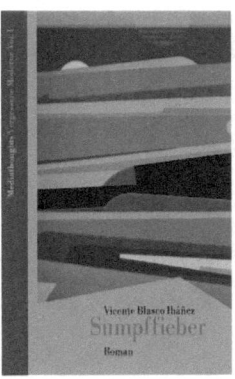

Sumpffieber
Übersetzung von Otto Albrecht van Bebber

ISBN: 978-3-947724-46-8
Edition Vergessene Moderne No 1

„Sumpffieber" ist der letzte seiner Romane, die in der „Huerta" spielen, einem landwirtschaftlichen Gebiet in der Nähe Valencias, das die maurischen Kolonisatoren geschaffen hatten, um Kulturen wie Reis, Gemüse und Orangen mit Hilfe eines sorgfältig geplanten Bewässerungssystems anzubauen. Er verquickt hier eine dramatische Liebesgeschichte mit der dramatischen und sich selbst vernichtenden Macht des Geldes.

Ibanez selbst hielt diesen Roman für seinen künstlerisch gelungensten, auch wenn ihm bisweilen der Vorwurf gemacht wurde, bei seinen didaktischen Elementen eine schwerfällige Hand zu haben.

Die Edition „Vergessene Moderne" wird künstlerisch von dem Ulmer Zeichner, Grafiker und Schriftsteller Florian L. Arnold gestaltet

Erscheint am 05. September 2023

Thomas Michael Glaw

Septemberabschiede
Gedichte und Fotografien

ISBN: 978-3-947724-23-9
Klappenbroschur

Überrascht von Tod seiner Mutter, den er zwischen
Abfluggate und Flugzeugtür mitgeteilt bekam, schrieb
Thomas Michael Glaw noch auf dem Flug nach München
erste Gedichtskizzen nieder.

In diesem Band findet sich seine Spurensuche nach der
Mutter, der Liebe, dem Vergehen und dem Wandel. Die
Gedichte werden durch Schwarz-Weiß-Fotografien des
Autors ergänzt.

Thomas Michael Glaw

hier und anderswo
Reisebilder aus Europa

ISBN: *978-3-947724-41-3*
Klappenbroschur

Thomas Michael Glaw betrachtet europäische Metropo-
len und die Menschen, die dort leben, mit den Augen
des Fotografen und dem ihm eigenen britischen Humor.
Neben einem Abgesang auf seine Münchner Wahl-
heimat finden sich Betrachtungen zu italienischen
Charakteren, Ostberliner Zuckerbäckerstil, einem Zug
nach Prag voller Betrunkener und viel irische Landschaft.

Stets nachdenklich und mit einem hintergründigen
Lächeln macht er seinen Leserinnen und Lesern Appetit,
selbst den Zug oder das Flugzeug zu besteigen.

Erscheint am 01. September 2023

*Das Buch ist Teil der Schöne-Bücher-Bibliothek in der Edition
der unabhängigen Verlage.*